Unendlich erleben

Auf den Spuren der Remstal Gartenschau

Martin Frischauf

Freshup!
publishing

Titelseite:
Burgruine
Württemberg
in Weinstadt

Links:
Am Aufgang
zur Ruine steht
das Weinkreuz

Unendlich erleben

Auf den Spuren der Remstal Gartenschau

Martin Frischauf

Das Remstal neu erleben und entdecken

Natur Kunst Geschichte Architektur Kultur Sport

Freshup! publishing

Inhalt

Einleitung

Die Remstal Gartenschau hat das Remstal verändert. Unzählige neue Plätze, Grünanlagen, Spielstätten und Bauwerke sind entstanden. Die 16 Stationen sind schon heute ein Publikumsmagnet. In dem Buch werden die Kommunen an der Rems aus dem Blickwinkel des Besuchers dargestellt, vor allem die Plätze, die dauerhaft bestehen bleiben. So kann der Leser in den nächsten Jahren anhand des Buches die einzelnen Städte besuchen und schauen, wie sie sich verändert haben. Er kann neue Skulpturen an den Kunstpfaden bewundern und die fortschreitende Berankung der Architektur-Stationen in Augenschein nehmen.
Jede der 16 teilnehmenden Kommunen hat unzählige kleinere und größere Projekte geschaffen. Dabei wurden die Bürger von Anfang an mit einbezogen. Dies hat zu einer Vielfalt im Ausdruck und zu einer Begeisterung und Beteiligung über alle Bevölkerungsschichten hinweg geführt. Vor allem die Natur und die Pflanzprojekte haben unsere Umwelt wieder in den Blickpunkt gerückt. Blumenwiesen und Insektenhäuser bleiben uns hoffentlich lange erhalten.

Alle diese, mit viel Engagement erstellten und über den ganzen Sommer hinweg gepflegten Bürger-Projekte können in dem Buch leider nicht abgebildet werden. Ich habe aus über 3 500 Bildern, die in den drei Monaten bis zum Erscheinen des Buches entstanden sind, die 550 schönsten Bilder herausgesucht. Und die Auswahl ist mir sehr schwer gefallen, denn es hätte noch einmal 550 Bilder gebraucht um alles zeigen zu können und es wären wohl immer noch viele tolle Fotos übrig geblieben. Die Bilder wurden mit meiner Leica M10, mit dem Handy und mit meiner Drohne DJI Mavic Pro aufgenommen. Dabei war ich Tag und Nacht im Einsatz und habe mich über das perfekte Wetter im Juni und Juli gefreut. Aber so richtig genießen konnte ich die Remstal Gartenschau selten, da ich immer das Gefühl hatte, etwas zu verpassen. Das hole ich jetzt mit Erscheinen des Buches nach. Ich werde die Orte alle noch einmal entspannt besuchen und mir richtig Zeit lassen. Natürlich ist die Kamera wieder mit dabei, denn entgehen lassen möchte ich mir doch nichts.

Ich hoffe, Sie haben viel Freude mit dem Buch und ich bin gespannt auf jede Zuschrift und jede Anregung, die es dann vielleicht in die zweite Auflage schafft. Die Bilder im Buch dürfen Sie übrigens gerne verwenden, wenn Sie das eine oder andere Bild digital möchten, schreiben Sie mir einfach. Die Bilder und ich freuen uns über jede weitere Veröffentlichung.

Ihr Martin Frischauf

Das Remstal bei Kernen

Wie kam es zur Interkommunalen Gartenschau 2019?

Das innovative Projekt Remstal Gartenschau 2019 basiert auf dem Masterplan „Landschaftspark Rems“. Ziel dieses Masterplans ist es, den Zusammenhang des Gesamtlandschaftsraumes Remstal langfristig zu stärken. Dafür wurden drei Schwerpunktthemen gesetzt: das Rad- und Wanderwegnetz ausbauen und vernetzen, die ökologische Durchgängigkeit des Flusses erreichen und die Erlebbarkeit der Flusslandschaft verbessern. Dieser Masterplan wurde auf Initiative des Verbandes Region Stuttgart 2006/2007 zusammen mit den Kommunen im Remstal erarbeitet.

Dank des überzeugenden Gesamtkonzeptes erhielt die Interkommunale Gartenschau, wie sie zunächst hieß, am 22.6.2010 den Zuschlag durch das Land Baden-Württemberg für ein Grünprojekt. Damit fiel der Startschuss für diesen bundesweit einzigartigen Ansatz einer Gartenschau: über kommunale Grenzen hinweg denken und gemeinsam einen Landschaftsraum neu gestalten.

2013 wurde das Konzept der „Interkommunalen Gartenschau Remstal 2019 – Stadt, Land, Rems“ als beispielhaftes und zukunftsweisendes Projekt von der Landesinitiative „Mittendrin ist Leben. Grün in Städten und Gemeinden in Baden-Württemberg“ ausgezeichnet.

Mit der Gründung der Remstal Gartenschau 2019 GmbH Anfang 2015 wurde der organisatorische Rahmen für das gemeinsame Projekt geschaffen.

Bis heute wird das Gemeinschaftsprojekt in einer beispielhaften Zusammenarbeit zwischen der GmbH und den Kommunen mit viel Engagement vorangetrieben.

Zahlen, Daten, Fakten

- 80 Kilometer
- 16 Kommunen
- drei Landkreise
- 530 000 000 Quadratmeter unendlicher Garten
- 10. Mai bis 20. Oktober 2019
- Mehr als 10 000 Veranstaltungen
- 60 Millionen Euro Investitionen der Kommunen
- drei Millionen Euro Förderung vom Land Baden-Württemberg aus dem Programm „Förderung Natur in Stadt und Land“
- zwei Millionen Euro Fördergelder vom Verband Region Stuttgart für die 11 Kommunen aus dem Fördergebiet für die Projekte „16 Stationen“, „Remsblicke“ und „Wanderwege“
- 22 Millionen Euro Fördergelder vom Land Baden-Württemberg, projektgebunden

Die Bürgermeister der 16 Kommunen mit Verstärkung aus der

…nzen Land bei der Eröffnung am 10. Mai 2019 in Schorndorf

Große Eröffnungsfeier auf dem Marktplatz in Schorndorf

1000 kleine Bienen umschwirren die Festgäste

Vom 10. Mai bis zum 20. Oktober 2019 verwandelt sich das Remstal in einen unendlichen Garten. Auf einer Länge von 80 Kilometern wird ein ganzer Landschaftsraum für 164 Tage in Szene gesetzt und weit darüber hinaus durch viele Maßnahmen und bürgerliches Engagement aufgewertet. Die Lebensader Rems wird vielerorts wieder in den Blick gerückt: Neue Zugänge machen den Fluss wieder erlebbar, tolle Spielplätze und Sitzgelegenheiten am Wasser laden zum Verweilen ein. Die Innenstädte werden zur grünen Mitte: Aufgewertete Parks und Grünanlagen machen Ihren Aufenthalt noch attraktiver. Einheitliche Rad- und Wanderwege leiten Sie entlang der remstaltypischen Streuobstwiesen und Weinberge in die 16 Gartenschau-Kommunen. Zwischen Weinstadt und Waiblingen wird eine durchgängige Kanuroute mit attraktiven Rastplätzen eröffnet. Auch Kulturliebhaber kommen im Remstal voll auf

MP Winfried Kretschmann bei der Eröffnungsrede Der Schorndorfer OB Matthias Klopfer im Interview mit den SWR-Moderatoren Michael Antwerpes und Stephanie Haiber

Die Bürgermeister mit den Wappen ihrer Städte

ihre Kosten: Es entstehen eindrucksvolle Landmarken von 16 namhaften Architekten aus ganz Deutschland, die sich an dem außergewöhnlichen Architekturprojekt „16 Stationen“ beteiligen. Gastronomen und Winzer laden Sie zu einzigartigen Genusstouren mit dem Genussbus ein. Unzählige Veranstaltungen und Führungen machen das Remstal zur großen Bühne und die 350 000 Remstäler zu Gästen und Gastgebern.

Die 16 Städte und Gemeinden entlang der Rems:
Essingen – Mögglingen – Böbingen an der Rems – Schwäbisch Gmünd – Lorch – Plüderhausen – Urbach – Schorndorf – Winterbach – Remshalden – Weinstadt – Korb – Kernen im Remstal – Waiblingen – Fellbach – Remseck am Neckar.

Für Aufregung sorgte das Schwäbisch Gmünder Wappentier, das von OB Richard Arnold geführt wurde

Schlagersängerin Jenny Marsala in Aktion

Die Tour Ginkgo beim Start in Essingen

Unter den „Ginkgos“, so nennen sich die Radfahrer, sind zahlreiche Prominente und ehemalige Sportler, die in ihrem Leben etwas Besonderes geleistet haben, und für die die Teilnahme an der Tour Ginkgo ebenfalls etwas Besonderes darstellt. Sie möchten schwerkranken Kindern helfen und stehen dafür mit ihrem Namen ein: der ehemalige Fußballnational- und VfB-Spieler Karl Allgöwer, die Kunstradfahrer Iris Kurz und José Arellano, die Radsportler Günter Brechtel und Markus Hess, der Treppen- und Rückwärtsläufer Thomas Dold, der Schauspieler „Schrotti“ Michael Gaedt, der Rechenkünstler Rüdiger Gamm, der Faustballer Jürgen Haas, die Biathletin Simone Hauswald, der Zehnkämpfer Guido Kratschmer, der Karatemeister Thomas Lamm, der Fallschirmspringer Klaus Renz, der Dirigent und Musiker Rainer Roos, der Schauspieler Peter Schell und die Segelfliegerin Sabrina Vogt.

Unendlich Raum für Bewegung

Die abwechslungsreiche Tal- und Hügellandschaft bietet unendlich viele Möglichkeiten, das Remstal mit dem Rad zu erkunden. Zur Remstal Gartenschau 2019 darf man sich nun auf viele weitere Highlights freuen: In allen 16 Städten und Gemeinden warten neue Attraktionen, die bequem mit dem Rad angefahren werden können.

Der Remstal-Radweg wurde auf insgesamt 106 km erweitert und ausgebaut. Auf dem Radweg geht es fortan vorbei an neuen Rast- und Grillplätzen entlang der Rems inklusive Remsstränden, Beachvolleyballfeldern und vielem mehr. Geleitet werden die Radfahrer durch eine neue Bodenmarkierung, bestehend aus „Remswellen", und einer Kilometrierung. Damit weiß man zu jeder Zeit, wie viel der gesamten Strecke schon geschafft ist. Die Markierung wurde von Stiftungen der Kreissparkassen Waiblingen, Ostalb und Ludwigsburg finanziert.

Außerdem führen verschiedene Thementouren vom Tal auf die Höhen. Wunderbare Aussichten sind hierbei garantiert! An vielen Bahnhöfen können Fahrräder und Pedelecs ausgeliehen werden. Zahlreiche Ladestationen entlang der Strecke sorgen dafür, dass den motorisierten Zweirädern nicht die Puste ausgeht.

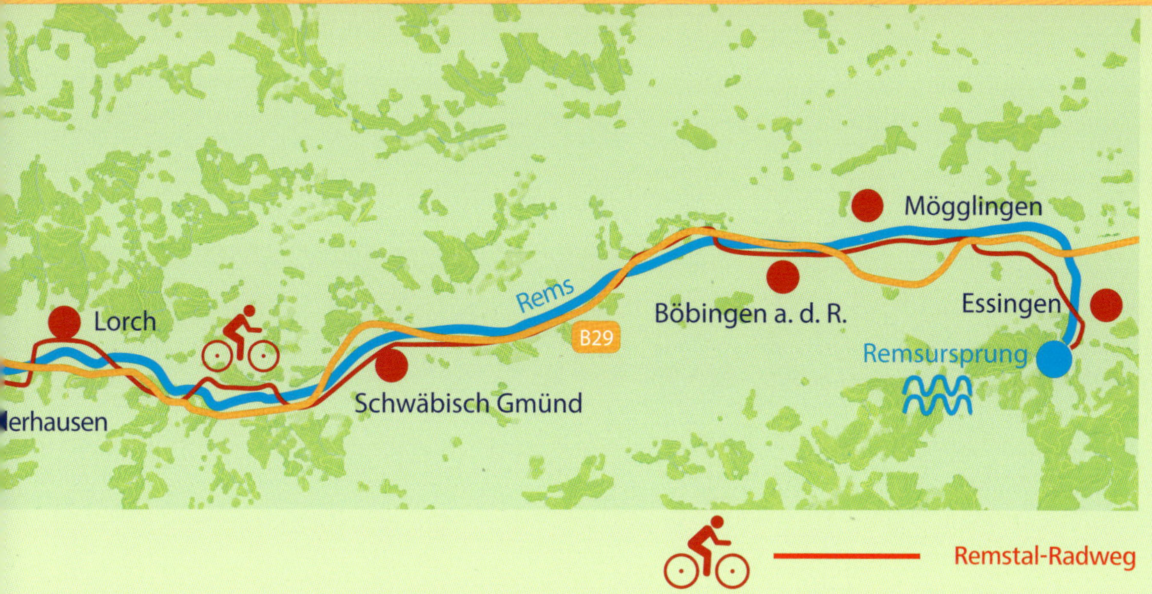

Das Remstal mit dem Rad erkunden

Der Remstal-Radweg beginnt in Weinstadt-Endersbach und führt über eine Schlaufe nach Kernen, Fellbach und Remseck am Neckar. Von dort aus geht es entlang der Rems bis nach Aalen. Die Gartenschau-Kommune Korb, die nicht am Remstal-Radweg liegt, ist über eine separate Runde angebunden. Viele Teile des Remstal-Radwegs wurden in den vergangenen Jahren enorm aufgewertet und zum Teil neu gebaut. Die Besucher erwartet teils naturnahe Strecken, Sehenswürdigkeiten entlang des Weges, gut ausgebaute Infrastruktur, sichere Befahrbarkeit und eine einheitliche Wegweisung in beide Richtungen. Für Familien oder Kurzausflügler lohnt es sich auch, nur eine Etappe des Remstal-Radwegs zu fahren. Ein- und Ausstiege sind aufgrund der guten Anbindung an den öffentlichen Nahverkehr möglich.

Weitere Routen und unzählige Variationen warten auf die Radfahrer.

- Schurwald-Radroute, 24 Kilometer
- Korber-Kopf-Runde, 19 Kilometer
- Wein- und Kelter-Route, 24 Kilometer
- Höhenroute, 26 Kilometer
- Stauferschleife, 28 Kilometer

Wanderwelt Remstal

Mit seinem vielfältigen Landschaftsbild ist das Remstal ein Muss für alle Naturfreunde und passionierten Wanderer. Hier, zwischen Wäldern, Streuobstwiesen, Feldern und Weinbergen, bekommt die Wahrnehmung von Zeit und Raum einen anderen Stellenwert, die es erlaubt, sich nicht nur auf die natürliche Umgebung des Remstals, sondern auch auf seine historischen und kulturellen Gegebenheiten einzulassen.

Auf wunderschönen Talwegen, Routen auf Halbhöhenlagen mit herrlichen Ausblicken sowie zahlreichen Themen- und Rundwanderwegen wartet ein abwechslungsreiches Naturparadies für jeden Geschmack und Anspruch. Die landschaftlichen Reize ziehen Entdecker aus Nah und Fern immer wieder in ihren Bann. Für die Remstal Gartenschau 2019 wurde dieses einzigartige Wanderparadies jetzt noch einmal deutlich aufgewertet: Neu beschilderte Wege führen zu atemberaubenden Aussichtspunkten sowie einzigartigen Kunst- und Architekturprojekten, die im Einklang mit der Landschaft entstanden sind. Die Umsetzung der Wanderkonzeption mit den sechs Qualitätswanderwegen im Mittleren und Unteren Remstal wurde finanziell unterstützt durch den Verband Region Stuttgart und den Rems-Murr-Kreis.

Unendliche Wanderungen

Der neue Remstal-Weg ist zweifelsohne eines der großen Highlights der Remstal Gartenschau 2019. Zugegeben, ganz neu ist der rund 215 Kilometer lange Wanderweg nicht. Er setzt sich zusammen aus den beiden ehemaligen Wegen „Remstal-Höhenweg" und „Remswanderweg". Das Wegenetz wurde aber deutlich überarbeitet, Wegabschnitte gekürzt oder umgeleitet.
Die Startpunkte des neuen Remstal-Wegs befinden sich in Remseck am Neckar oder in Fellbach, von dort aus geht es dann größtenteils auf den Höhen nördlich und südlich des Remstals entlang. In zehn Tagesetappen können sich die Besucher auf Entdeckungstour durch die vielfältige Landschaft des Remstals begeben und die für die Region so wichtige Lebensader Rems kennenlernen. Hungrigen Wandersleuten sei ein Besuch in den traditionellen Besenwirtschaften oder Gaststuben wärmstens ans Herz gelegt.
Von den 59 Rund- und Streckenwanderwegen im Remstal erfüllen sechs Wege die Qualitätskriterien des Deutschen Wanderverbandes in vollem Umfang. Das heißt konkret: Den Wanderer erwarten durchgängig ausgeschilderte Wege, die mit dem öffentlichen Nahverkehr gut erreichbar und in jeder Richtung zu begehen sind. Vom Komfortwanderweg über die Familientour bis zur Traumtour wurden für die unterschiedlichsten Interessen qualitativ hochwertig ausgestattete, erlebnisreiche Routen geschaffen, die ein einzigartiges Wandererlebnis versprechen. Das Siegel „Qualitätsweg Wanderbares Deutschland" garantiert ein hochwertiges Wandererlebnis sowohl für unerfahrene als auch erfahrene Wanderer.

Sprinter

Kanufahren auf der Rems

Mit dem Start der Remstal Gartenschau am 10. Mai 2019 gibt es erstmals eine durchgängige Kanuroute von Weinstadt-Endersbach bis nach Waiblingen. Dafür wurden Ein- und Ausstiegsstellen teils umgestaltet, teils neu angelegt. Außerdem entstanden attraktive Rastplätze und an den Wehren leicht begehbare Umtragungsstellen. Für das Gartenschau-Jahr 2019 sind thematisch geführte Touren im Angebot, es gibt einen direkten Zugang zu den Gartenschau-Projekten und dem neu ausgewiesenen Gartenschau-Radweg.

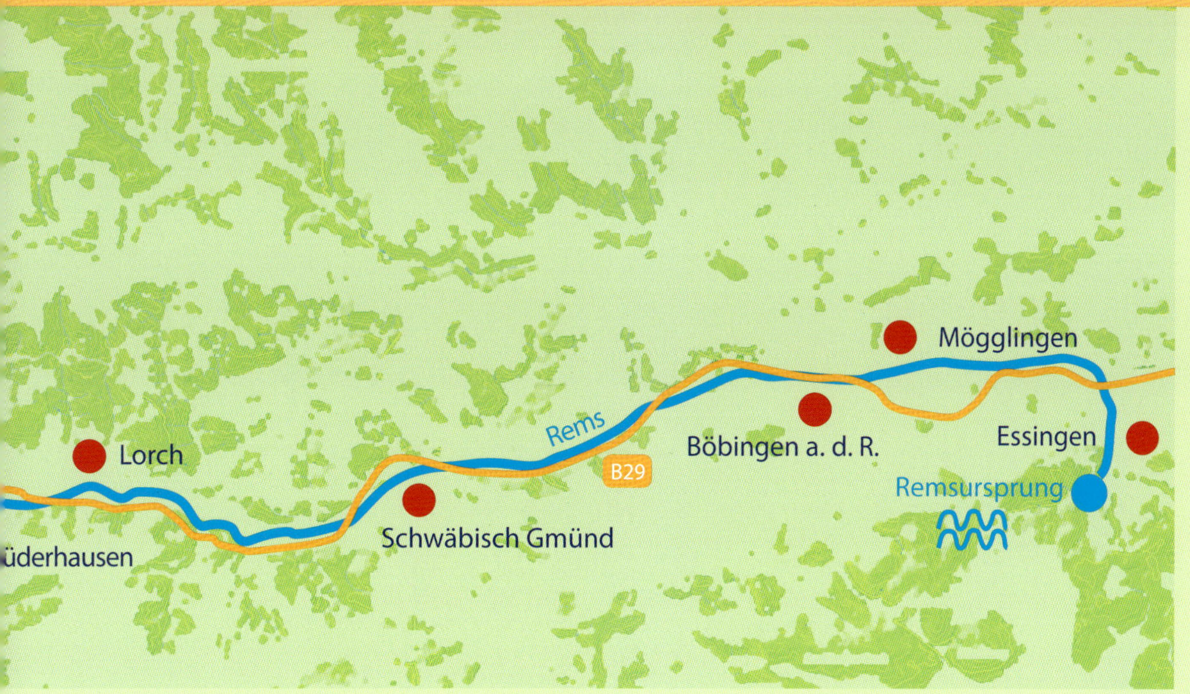

Unendlich Raum für Bewegung

Folgende Angebote werden das Erlebnis Rems bereichern:

- geführte Thementouren
- geführte Kanu-Touren, zum Beispiel für Betriebsausflüge, Vereine oder Familienfeiern
- ungeführte Kanu- und SUP-Touren sowie Stand Up-Paddling

Verleih nach gründlicher Einweisung, inklusive Schwimmwesten, Trockentonnen, Packsäcken, Flusskarte und ggf. Bootswagen

Blühflächenprojekte

Die Biene Remsi ist das offizielle Maskottchen der Remstal Gartenschau 2019 und steht sinnbildlich für hunderttausende Bienen und Insekten, die auf der Suche nach Nahrung sind.

Auf rund 200 Blühflächen, die über das gesamte Remstal verteilt sind, finden Bienen, Schmetterlinge und viele andere Insekten wieder einen neuen Lebensraum. Von den 16 Städten und Gemeinden sowie den Landkreisen wurden dafür entlang des Remstal-Radwegs und der Wanderwege mal größere und mal kleinere Blühflächen angelegt. Gesät wurden heimische, bienenfreundliche Pflanzenarten, die oft bunt, aber auch mal weniger opulent aussehen und zum Erkunden einladen. Initiiert wurde das Projekt vom Bezirksimkerverein Waiblingen und Umgebung sowie dem Landesverband Württembergischer Imker.

Blumenschauen

Schlösser, Kirchen, Kapellen, Museen, Galerien, Geburtshäuser, eine Burg oder ein Kloster – es gibt so viel, was man im Remstal erkunden kann. Viele kulturelle Einrichtungen legen ihren Fokus auf das klassische Thema von Gartenschauen, den Blumen. Hier zwei Beispiele:

- Der Blumenkeller in Schorndorf, die Blumenhalle in Schwäbisch Gmünd, eine Vielzahl von Schaugärten, neue Spielplätze, Veranstaltungsbühnen und vieles mehr. Die Erlebnisgärten in den historischen Innenstädten Schorndorf und Schwäbisch Gmünd werden durch blühende Stadtrundgänge miteinander verbunden.
- Von Mai bis Oktober 2019 finden in Kernen im Remstal verschiedene Blumenschauen statt. Vor dem Rathaus Rommelshausen können Besucher den blumigen Kubus bestaunen, außerdem werden vom Rathaus bis zur Pfarrscheuer florale Elemente gezeigt. In der Glockenkelter in Stetten wird ein klassisches Erntedankfest mit zusätzlichem Blumenschmuck gefeiert.

live

Unendlich Raum für Kultur

Das Remstal gehört zu den attraktivsten Regionen Baden-Württembergs. Nicht nur die zahlreichen grünen Ruheoasen, die weitläufigen Weinberge und die abwechslungsreichen Wanderwege locken immer mehr Menschen ins Flusstal östlich von Stuttgart. Es sind vor allem auch die vielfältigen Kunst- und Kulturerlebnisse, die Besucher aus Nah und Fern schätzen. Das Königsgeschlecht der Staufer, der Pionier der Automobilgeschichte, Gottlieb Daimler, oder die bekannten Bildhauer Fritz und Karl Ulrich Nuss – viele namhafte Persönlichkeiten haben das Remstal geprägt. Museen, Galerien und Kirchen sowie Kunst- und Skulpturenpfade erzählen von der bewegenden Geschichte des Tals und seinen Menschen, die ihre unverkennbaren Spuren hinterlassen haben.

Vor der Kulisse verwinkelter Gassen, malerischer Fachwerkhäuser und historischer Gebäude wandert der interessierte Besucher zwischen zahlreichen gesammelten Schätzen. Hier trifft kulturelle Vielfalt auf geschichtsträchtigen Boden: Mit hunderten Veranstaltungen pro Jahr ist das Remstal mittlerweile zu einer gefragten Kulturlandschaft gewachsen und nimmt damit nicht ohne Grund einen der vorderen Plätze in Baden-Württemberg ein.

All diese Kulturräume wurden zur Remstal Gartenschau 2019 noch einmal erweitert. 164 Tage lang wird das Tal zur Bühne für Konzerte, Führungen, Symposien und Ausstellungen. Zahlreiche neue Kunstwerke und Installationen lokaler Künstler laden zum Erkunden und Verweilen ein.

Unendlich Raum für Kunst, ein kleiner Auszug

Skulpturen aus Bronze und Stein der Künstlerfamilie Nuss

In den Strümpfelbacher Weinbergen säumen 39 Skulpturen aus Bronze und Stein den Weg – Werke aus drei Künstlergenerationen. Begründer der Idee und Initiator dieser Ausstellung ist der Künstler Karl Ulrich Nuss aus Strümpfelbach. Bronzeplastiken von ihm beeindrucken durch schöpferische Fantasie in der Begegnung mit dem Menschen, mit dem Tier. Ebenso die Bronzearbeiten seines Vaters, Professor Fritz Nuss, oder jene drei Stein-, Stahl- und Holzskulpturen von Christoph Traub, dem Enkel von Professor Fritz Nuss.

David Klopp

Seine Inspiration findet David Klopp dort, wo auch seine künstlerische Arbeit stattfindet – in der Natur. Ob Blätter, Hölzer oder Steine, der Land-Art-Künstler aus Winterbach schafft Skulpturen mit Materialien, die er je nach Ort und Jahreszeit findet. Dabei entstehen lebendige Kunstwerke, welche sich unter dem Einfluss von Wind und Wetter ständig verändern. Der Betrachter wird dadurch für den natürlichen Kreislauf der Natur sensibilisiert.

Besinnungsweg in Fellbach – Ein themenbezogener Skulpturenweg

Grundgedanke des Projekts ist es, einen Weg mit Werken namhafter Künstler anzulegen, der durch die Gestaltung einzelner Besinnungsorte zum Verweilen einlädt und zur Auseinandersetzung mit religiösen und weltanschaulichen Fragen anregt. Angestrebt ist die Schaffung eines Erfahrungsraums jenseits der alltäglichen Hektik und Zeitnot und doch gleichsam mitten im Leben, im unmittelbaren Lebensumfeld. Die eingeladenen Künstler sollen auch das landschaftliche Umfeld des jeweiligen Besinnungsortes als Teil der künstlerischen Aussage in das Werk mit einbeziehen.

Korber Kopf

Der Rundweg rund um das Korber Berghäusle präsentiert an einem der landschaftlich schönsten Plätze im Remstal zehn jährlich wechselnde Kunstwerke zum Thema Kopf. Sieben der zehn Skulpturenstandorte zeigen Werke von professionellen Künstlern, drei Standorte sind Schulen und Vereinen vorbehalten. Schon der Weg vom Wanderparkplatz Hanweiler Sattel zum Rundweg durch die rebenbewachsenen Hänge des Korber Kopfes ist beeindruckend.

Architektur mit 16 Stationen

Im Architekturprojekt „16 Stationen“ wird die Idee von Gemeinsamkeit und Vielfalt entlang der 16 Städte und Gemeinden im Remstal auf ganz besondere Weise sichtbar. Jede Gartenschau-Kommune weist eine individuelle Prägung auf, die in 16 Stationen mit unterschiedlichen Landmarken sichtbar wird. Im Einklang mit der teilweise sensiblen Landschaft entstanden Orte der Begegnung, die die Städte und Gemeinden auf ganz besondere Weise miteinander verknüpfen werden. Für die Umsetzung dieser spannenden Aufgabe konnte die

Kuratorin Jórunn Ragnarsdóttir 16 namhafte Architekturbüros aus ganz Deutschland gewinnen. Im Dezember 2016 kamen die beteiligten Architekten im Rahmen eines Kolloquiums ins Remstal, um die Kommunen und ihre Standorte zu besichtigen. Welches Architekturbüro für welchen Ort eine Station entwerfen sollte, wurde per Los entschieden.
Alle Stationen werden in den Städtekapiteln ausführlich vorgestellt. Auf den nächsten Seiten erhalten Sie einen Überblick.

Station 1
Essingen
Markante Treppe

Station 2
Mögglingen
Freiheitsstatue

Station 5
Lorch
Gehäkeltes Haus

Station 6
Plüderhausen
Hochzeitstum

Station 9
Winterbach
Monopteros

Station 10
Remshalden
Rosenpavillon

Station 13
Kernen im Remstal
Wengeter Häuschen

Station 14
Waiblingen
Weißes Haus

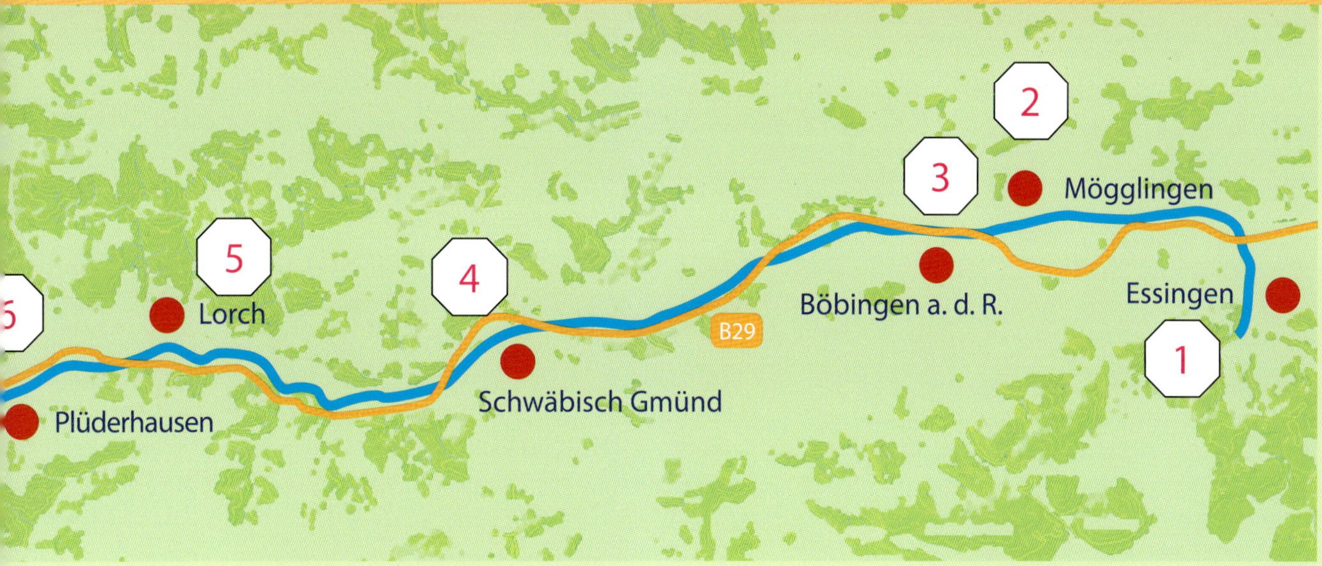

Station 3
Böbingen
Weißes Dach

Station 4
Schwäbisch-Gmünd
Lindenturm

Station 7
Urbach
Turm an der Birke

Station 8
Schorndorf
Prisma

Station 11
Weinstadt
Kaminhaus

Station 12
Korb
Fernsehen in Korb

Station 15
Fellbach
Belvedere

Station 16
Remseck am Neckar
Badehaus

Unendlich quirlig

Die Gemeinde mit rund 6 400 Einwohnern im Ostalbkreis ist die erste der 16 Remstal Gartenschau-Kommunen.

Charakteristisch für Essingen sind – neben der Remsquelle – zwei Moorseen, das Felsenmeer im Wental und der Schlosspark. Das Ortsbild ist geprägt durch historische Gassen und zahlreiche Schlösser. Das Schlossgut Hohenroden, der Dorotheenhof und das Schloss Essingen im Zentrum der Gemeinde sind nur wenige Beispiele für die Vielfalt der Geschichte.

Essingen, als Ursprungsort der Rems, liegt eingebettet in eine reizvolle und facettenreiche Landschaft am Albuch. Umgeben von Wäldern, am Fuße der Lauterburger Höhen, entspringt im engen, ja fast schon schlauchartigen Talgrund die Rems. In näherer Umgebung hat die Rems eine Vielzahl schöner und teilweise wildromantischer Plätze und Stellen geschaffen, die zum Entdecken einladen.

Ein beliebtes Ausflugsziel für Jung und Alt ist außerdem das Wental mit seinen schroffen und bizarren Dolomitfelsen, welches sich in seinem nördlichen Bereich zu einem wahren Felsenmeer ausweitet.

Auch geschichtlich hat die Gemeinde einiges zu bieten. Mitten im Herzen der Gemeinde, nördlich des eindrucksvollen ehemaligen Woellwarth´schen Schlosses, befindet sich der rund vier Hektar große, ganzjährig öffentlich zugängliche Schlosspark mit seinem unverwechselbaren Baumbestand. Die ehemaligen Scheunen wurden durch die Gemeinde ausgebaut und stiften nun Platz für Kunst und Kultur. Sie bilden den kulturellen Mittelpunkt der Gemeinde mit einer Vielzahl hochkarätiger Veranstaltungen jedes Jahr. Ein weiteres Highlight der Gemeinde ist das Schlossgut Hohenroden, welches sich in Privatbesitz befindet.

Remsursprung

Als Remsquell-Gemeinde ist sich Essingen der besonderen Bedeutung des namensgebenden Flusses für die Gartenschau mehr als bewusst. Ganz sensibel und natürlich zu einem kleinen Diamanten geschliffen, lädt der Remsursprung zum Verweilen ein. Mitten im Wald gelegen, plätschert die Rems aus moosbewachsenem Stein heraus. Über diesen mystischen Ort erzählt man sich, dass die verwunschene Remsquell-Nixe ihre Tränen über diesen Steinen vergießt.

Pflanzen der Bibel

Kennen Sie die Narde oder die Koloquinte, wissen Sie, was eine Manna-Esche ist oder wie Safran ausschaut?
Dies und vieles mehr können Sie in Essingen bestaunen.
34 biblische und teilweise längst vergessene Pflanzen und Bäume werden auf einem Entdeckungspfad, der Sie durch Essingen führt, ausgestellt und beschrieben.

Schlosspark mit Schlossteich

Eine Slackline, Spielelemente für alle fünf Sinne, farbenfrohe Pflanzbeete und vor allem ein neuer Pavillon laden Jung und Alt gleichermaßen zum Verweilen ein. Ein großes Highlight ist auch der Teich, der im nördlichen Teil des Parks neu angelegt wurde. Während der Gartenschau erblüht der Schlosspark in einer bunten Blumen- und Pflanzenpracht. Zudem ist eine temporäre Bühne aufgestellt, die von den ansässigen Vereinen genutzt wird. Mit seinem außergewöhnlichen Baumbestand, wie zum Beispiel dem historischen Mammutbaum, welcher 1864 von König Wilhelm I. von Württemberg gezogen wurde, ist dieser Park in seiner Art einzigartig. Nachts zeigt sich der Schlosspark mit seiner Illumination in einem geheimnisvollen Schein.

Remsterrassen

Mit dem Aussichtspavillon eröffnen die Remsterrassen ganz neue Ausblicke in das Remstal. Genauso schön ist das Panorama in Richtung des Essinger Remsursprungs. Ein wahres Meer an Blüten zieht die Besucher und wichtige Bienen- und Insektenbestände während der Gartenschau nachhaltig in seinen Bann.

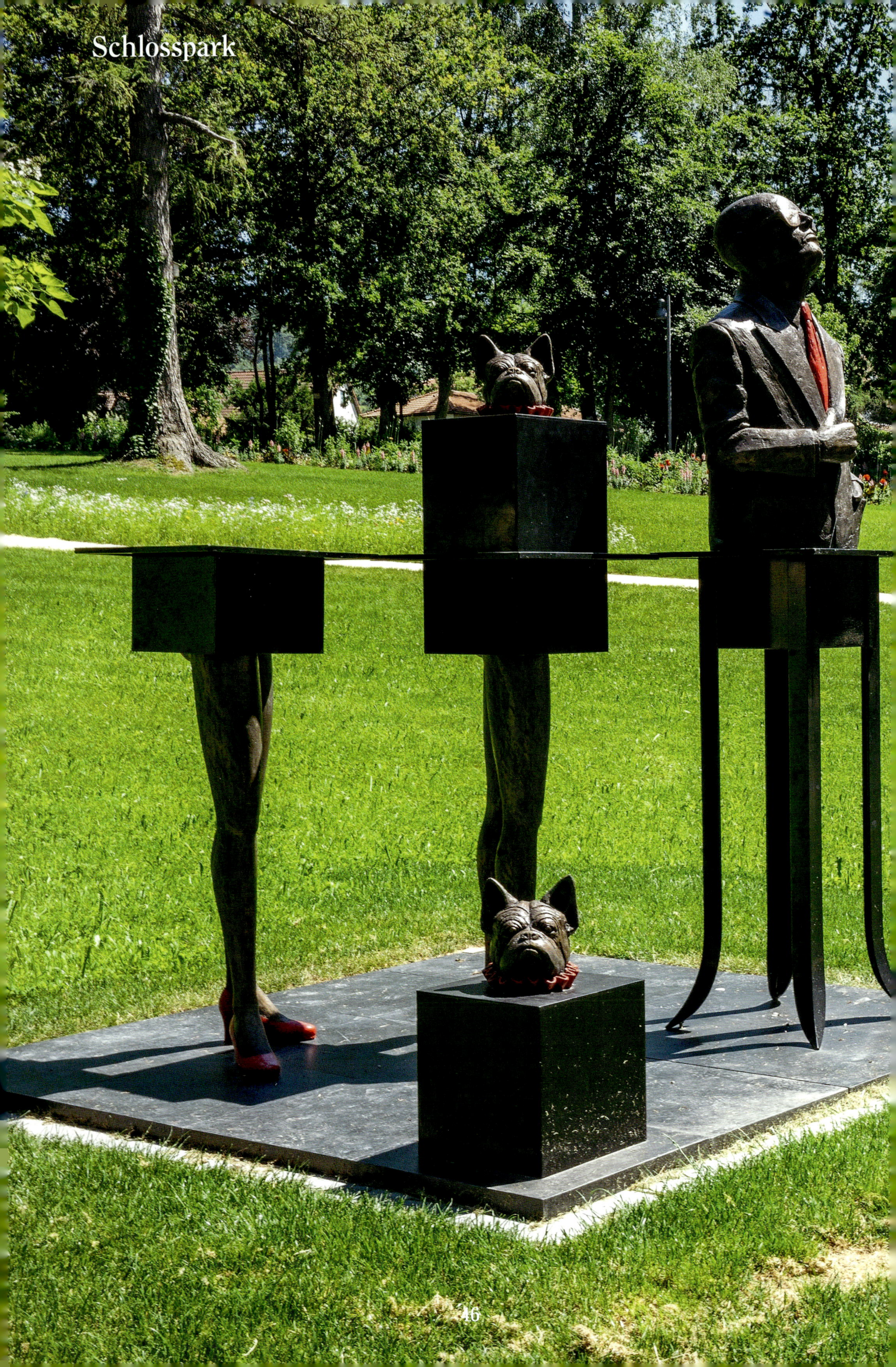

Treppe

harris + kurrle architekten, Stuttgart

Die Station gestaltet für den Remswanderweg einen neuen, seiner Bedeutung angemessenen Auftakt: Durch den wiederentdeckten Wegabschnitt wird eine direkte Führung von der Quelle über den Steinbruch möglich. Das etwa 18 m lange und 4,5 m hohe Bauwerk überbrückt die Höhendifferenz zwischen Straßenniveau und Beginn des Hohlweges.

Die erste der 16 Stationen ist sicherlich mit ihrer breiten Betonbrüstung das schwerste Bauwerk und steht zunächst wie ein Fremdkörper in der Landschaft. Die Reaktionen sind entsprechend: „Da haben sie wohl zu viel Beton übriggehabt", ist ein typischer Kommentar der Besucher. Trotzdem macht das Bauwerk neugierig. Es wird erklommen, begutachtet und zuletzt auch bewundert. Jedenfalls ist es leicht zu finden, es steht direkt an der Bushaltestelle zum Remsursprung.

Geokoordinaten: 48.7930, 9.9962

Unendlich pfiffig

Mit rund 4 200 Einwohnern ist Mögglingen die kleinste unter den teilnehmenden Kommunen. Dennoch lenkt Mögglingen bei der Remstal Gartenschau 2019 „unendlich pfiffig“ die Blicke auf sich. Viele tolle Projekte sind entstanden, und die lang ersehnte B29-Ortsumgehung ist fertiggestellt.

Der Aussichtsturm Mögglingen

Vom Mögglinger Naherholungsgebiet am Grubenholz (Heuchlinger Wald) sind der Albtrauf, das Remstal und die drei Kaiserberge weithin sichtbar. Am Kolbenberg beginnend schweift der Blick über die Essinger Wälder zum Remsursprung, dann nach Lautern und Lauterburg, über das Remstal nach Stuifen und Rechberg und endet schließlich am Hohenstaufen. Will man den Genuss an dieser herrlichen Landschaft noch erhöhen, sollte man den Aussichtsturm am Waldrand besteigen. Der vom örtlichen Zimmermeister konstruierte und erbaute Turm besteht durchgängig aus Lärchenholz. 29 Stufen führen auf die Aussichtsplattform. Informationstafeln vermitteln spannendes heimatkundliches Wissen.

Am Bahnhof & Mögglinger Ständle

Das „Eingangstor“ zur Mögglinger Gartenschau ist der Bahnhof. Eine zunächst abstrakt wirkende Mauergestaltung vermittelt den Besuchern einen informativen Überblick: Wie groß sind Gemarkungsfläche und Einwohnerzahl im Verhältnis zu den anderen Remstalkommunen? Wie viele Nebenflüsse hat die Rems und welche fließen auf Mögglinger Gemarkung zu? Der Bahnhof ist Knotenpunkt für die Mögglinger Rundwanderwege, den Glaubensweg und den Dorfblickweg.

Der Marktplatz

Der Blick richtet sich nach oben. 10 000 bunte Plastikflaschen sind zu einem Blütenhimmel geknüpft, der bei Sonnenschein besondere Farb- und Lichtreflexe bietet. Aber auch bei Nacht erstrahlt diese Installation, die dem kleinen Dorf Mögglingen von der großen Kurstadt Meran in Südtirol überlassen wurde, in faszinierendem Licht.

Auf dem Marktplatz steht der Forstwagen des Landratsamtes. Hier erwarten den Besucher wechselnde Informationstage, zum Beispiel Einblicke in die Arbeit des Obst- und Gartenbauberaters. Ob Obstbaumschnitt oder die Pflege von Ziergehölzen, aktuelle Schädlinge im Garten wie Buchsbaumzünsler oder Grundsatzfragen zum Hobbygartenbau – die Beraterinnen und Berater haben auf jede Frage eine fachkundige Antwort.

Der Dorfblickrundweg

Je nach Windstärke und Windrichtung ist der Duftrosengarten schon von Weitem wahrnehmbar. Über 250 Duftrosenstöcke in 50 verschiedenen Sorten sorgen hier von Juni bis Oktober für eine wahre Duftexplosion. Aber auch das Auge kommt bei diesen Rosenschönheiten mit den besonderen Namen nicht zu kurz. Zwei große Büsten aus Beton lenken hier den Blick auf sich. Gegenüber im Staudengarten erblühen jedes Jahr über 300 ausgewählte Pflanzenarten. Bestäubt werden sie von Insekten, die im riesigen Insektenhotel ideale Bedingungen vorfinden. Den Mittelpunkt des Staudengartens bildet die Skulpturengruppe „Dorfgeflüster“ von Birgit Labor.

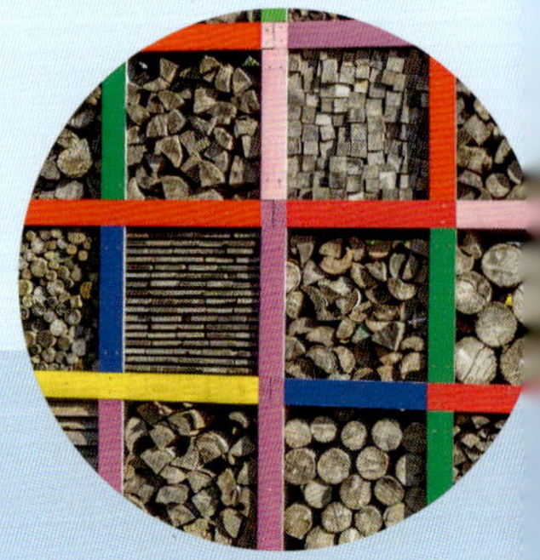

Die Baumschule

In der Baumschule geht es zu wie in einer richtigen Schule. Es gibt ein Klassenzimmer, in dem junge Bäumchen „auf Stühlen sitzen“ und jedes Bäumchen auf seine individuelle Art wie Schüler in der Schule, „erzogen“ wird. Ein Strafbänkchen ist heute aus pädagogischen Gründen allerdings nicht mehr zu finden. Der Anschrieb an der Tafel in diesem Klassenzimmer vermittelt alles Wissenswerte zur Rems.

Der Weidentunnel am Mühlbach

Ein duftiger Weidentunnel führt am Mühlbach entlang, vorbei an Skulpturen aus Baumstümpfen dort gewachsener Hängeweiden, die von der Holzbildhauerin Hildegard Diemer geschaffen wurden. Farbige Plexiglasscheiben zaubern leuchtende Lichtreflexe auf den Weg und lassen beim Hindurchblicken die Umgebung bunt getönt erscheinen. Am Wasserkanal zur ehemaligen Getreidemühle dreht sich ein von Zimmermeister Karl Hieber im Jahr 2018 erbautes Mühlrad aus Eichenholz. Es weist auf die ehemalige Nutzung dieses Seitenarms der Lauter hin. Wer dem Weg weiter folgt, kommt am liebevoll angelegten bäuerlichen Beerengarten vorbei.

Der Rathausplatz

Im weiteren Verlauf des Rundwegs gelangt man zum Rathaus, das mit über 700 Metern Seil in den Gartenschau-Farben zu einem grünen Paket verschnürt wurde, als Kletterhilfe für Hopfen.
An der Bürgersäule, gefertigt vom Keramikstudio Birgit Labor, haben die Mögglinger die Möglichkeit, sich mit ihrem Gesichtsabdruck verewigen zu lassen.

Zum Weidentunnel am Mühlbach

Libertas

Architekturbüro Brandlhuber+, Berlin
Die Idee: eine römische Freiheitsgöttin Libertas für Mögglingen! Die Freiheitsstatue symbolisiert den jahrelangen Kampf um die Umgehungsstraße und greift gleichzeitig den 2000 Jahre zurückliegenden Bau der römischen Straße am nahe gelegenen Limes auf. Mit der Rückkehr der Freiheitsgöttin Libertas zum Limes ist der Kampf um die Straße B29 beendet.

Geokoordinaten: 48.834602, 9.941718

Die Freiheitsgöttin ist nicht einfach zu finden. Geht man am Aussichtsturm vorbei durch den schattigen Laubwald, wird man nach einem halbstündigen Fußweg von der Statue nahezu überrascht. Groß und wuchtig duckt sie sich unter die herabhängenden Zweige der Bäume und lässt ihren Blick über das Remstal schweifen.

Unendlich offen

Charakteristisch für Böbingen an der Rems mit seinen 4 500 Einwohnern sind schöne Rad- und Wanderwege und weite Plätze rund um das Römerkastell, die Beiswanger Kapelle und die Lourdes-Grotte.

Zur Remstal Gartenschau heißt es jetzt außerdem: einfach ankommen, den neuen Park genießen und überall auf gastfreundliche Menschen treffen!

Park am alten Bahndamm

Begrenzt von den natürlichen Windungen des Klotzbachs mit Gehölzsaum sowie dem aufgeschütteten historischen Bahndamm, blühende Auenwiesen mittendrin – das ist der Park am alten Bahndamm mit einer Fläche von mehr als fünf Hektar. Diese Grundstimmung einer natürlichen Aue bildet den Rahmen für weitere Attraktionen. Punktuelle thematische Staudenpflanzungen auf ca. 1 500 Quadratmetern zeigen sich mit

jahreszeitlichen Höhepunkten in unterschiedlichen Farbstimmungen. Für Senioren entstanden ein Sinnesgarten, ein Lesegarten, ein Kneipp- und Ruhegarten sowie ein Aktivgarten. Abenteuer verspricht der in die Landschaft eingebettete Kletterspielplatz für Kinder jeden Alters.

EnBW ODR
ARENA

BÖBINGER TUNNEL!

Die Schülerinnen und Schüler des Rosenstein-Gymnasiums Heubach haben für die Remstal Gartenschau einen Waldflipper und ein drehbares Puzzle gestaltet.
Der Waldflipper kann von zwei Spielern benutzt werden und ist auch für Rollstuhlfahrer geeignet.
Das Waldpuzzle zeigt drei verschiedene Bilder zum Thema Wald, die durch Drehen der einzelnen Elemente ein Gesamtmotiv ergeben.
Eine Holzkugelbahn begleitet die Spaziergänger entlang des Waldweges.

Schnellblüher
Was hier wachsen und blühen will, muss Gas geben. Erst im März wurde dieses Beet aufgeschüttet. Gräser und Stauden wurden gepflanzt, die es gewohnt sind, mit widrigen Bedingungen wie Trockenheit und mageren Böden zurechtzukommen. Eine Saatmischung mit einjährigen Pflanzen vollbringt das Kunststück innerhalb von 6–8 Wochen zu blühen. Wer Lust am Experimentieren hat, kann diese spannende Pflanzung an trockenen mageren Stellen auch in seinem eigenen Garten umsetzen.
LEITSTAUDEN: Klatschmohn, Kalifornischer Mohn, Marokkanischer Lein, Kornblume
GRÄSER: Federgras, Wimpernperlgras, Reitgras

Ein „weißes Fenster“

Staab Architekten, Berlin

Durch weiße Farbe wird mitten in dem dunklen Waldstück ein Ort definiert, der ein besonderes Raumerlebnis bietet. Betrachtet man den weißen Raum von außen, so bietet sich dem Auge zunächst ein rätselhafter Anblick. Es scheint, als hätte jemand den Wald entfärbt. Befindet man sich jedoch innerhalb des Raumes, ändert sich die Perspektive: Der Wald wird durch die weiße Deckenscheibe und die weiße Bodenfläche gerahmt und in Szene gesetzt. Auf diese Weise wird der materiallos abstrakte Raum dem Wildwuchs und der natürlichen Farbigkeit des Waldes gegenübergestellt. Dieses Nebeneinander erzeugt einen spannungsvollen Kontrast, die konträren Atmosphären verstärken sich gegenseitig.

Geokoordinaten: 48.814668, 9.920786

Unendlich glücklich

Charakteristisch für Schwäbisch Gmünd mit seinen 60 700 Einwohnern sind die Kirchen und Klöster, Natur inmitten der Stadt und einer der schönsten Marktplätze Süddeutschlands.

So gibt es vieles zu entdecken in dieser Stadt „zwischen Himmel und Erde“: den Landschafts- und Familienpark „Himmelsgarten“ auf der Hochfläche bei Wetzgau zum Beispiel, der die großen und kleinen Besucher mit einem atemberaubenden Blick vom über 38 Meter hohen Holzaussichtsturm

„Himmelsstürmer“ auf den Albtrauf begeistert. Die mutigen Besucherinnen und Besucher erklettern dort im „Skypark“ die Baumwipfel und überqueren tiefe Waldklingen, während die Kleinen ungestört am großen Wasserspielplatz planschen und Floß fahren können.

Der blühende Rundgang

Der Blühende Stadtrundgang startet am Bahnhof. Vorbei an bunten Farbtupfern, Beeten und dem Forstwagen des Ostalbkreises geht es vor dunkelblauem Hintergrund und auf einem blauen Weg zunächst in den Remstal-Garten mit seinen einheimischen Stauden und den Pflanzen aus dem Mittelmeerraum, direkt vor dem idyllischen Haus Hirzel gelegen. Gleich dahinter – im historischen Stadtgarten – findet sich auch eines der Herzstücke der Remstal Gartenschau in der ältesten Stauferstadt. Hier wird auf der Remspark-Bühne von Mai bis September ein buntes Programm geboten.

Das zauberhafte Rokokoschlösschen mit dem Senkgarten und dem Liebesbrunnen ist ein wundervolles Fotomotiv, nicht nur für Selfies. Das Haus an der Rems ist mit dem beliebten „Weinfass“ ein zentraler Treffpunkt für Tagesgäste und Dauerkartenbesitzer. Das Congress-Centrum Stadtgarten ist der ideale Ort für Veranstaltungen aller Art und die „Stars-and-Stripes“-Beete, der Kakteengarten sowie der mediterrane Garten mit Zypressen, Zitrusgewächsen und Oliven lassen nicht nur das Herz von Pflanzenfreunden höher schlagen.

Villen und Wasser

Alles Banane, oder was? Das beliebte gelb-krumme Obst weist den Gartenschau-Besuchern vom Remspark den Weg durch den Bananenhain bis zum historischen Ensemble des früheren Torhäusle und des reizvollen

Fünfknopfturms mit seinen Staufer-Angeboten und der Jugendkunstschule. Entlang der Grabenallee am Josefsbach führt die Tour vorbei am Villengürtel Gmünds entlang alter Bäume, kühlem Wasser, wundervoller Ecken und Plätzchen und lädt ein zum Entspannen und Innehalten. An einer Station zum Thema „Flechtkunst" und vorbei an den Gärten der Partnerstädte – dem Rosengarten Antibes und dem Cottagegarten Barnsleys – geht es durch den Klangraum mit Wolkengarten, an hübschen Vorgärten entlang bis zum Torhaus an der Waldstetter Brücke. Hier lockt der eindrucksvolle tropische Garten mit Dschungelatmosphäre und tropischen sowie subtropischen Pflanzen.

JOHANNIS
APOTHEKE

Im Herzen der Stadt

Moderne Kunstwerke des Skulpturenpfads und blühende Blumenbänder leiten den Gast ins Herz der Stadt – am Rathaus vorbei auf den kulturhistorisch einmaligen Marktplatz mit dem großen Sandspielplatz „Die Wüste lebt“. Hier geht es weiter bis zum Ensemble der Stauferbasilika, der Johanniskirche, in der in einer Ausstellung von Steinfresken und -figuren die Pflanzen- und Tierornamentik des Mittelalters sowie die überregional beachtete staufische Madonna bestaunt werden können. Auf dem Platz vor der Kirche findet sich der Spiegelgarten: Von einem zentralen Standpunkt aus schaut man wie in einem Kaleidoskop auf die sich spiegelnden Pflanzen. Ein simpler Effekt, aber sehr eindrucksvoll. Im ehemaligen Kloster „Prediger“, einem weiteren Schwerpunkt der Remstal Gartenschau in Gmünd, findet sich neben zahlreichen Ausstellungen, vielen Museumsstücken und der geheimnisvollen Schatzkammer mit den Reichsinsignien der Stauferzeit auch die Blumengalerie – die vielfältige, bunte und kreative Ausstellung der Floristinnen und Floristen der Region.

Hinauf zum Zeiselberg

Zum Königsturm führt die Tour durch den Schmuckgarten, der an die reiche Schmucktradition Schwäbisch Gmünds erinnert. Weiter bergauf geht es bis zum neu gestalteten Zeiselberg mit seiner grandiosen Aussichtskanzel und seinem geheimnisvollen Stollensystem. Über den neuen Glücklichtweg geht es entlang von Reben, Kulturpflanzen und persönlich gewidmeten, funkelnden Mineralien in der Wegwand hinauf zum Zeiselberg-Plateau und zum Biergarten. Während die jüngsten Gartenschau-Besucher auf der über 20 Meter langen Rutsche am Berg der Kinder ihren Spaß finden, kann man hier eine Pause einlegen, entspannen und den Blick auf die historische Altstadt genießen.

Via Sacra in Gamundia

Der Glaubensweg führt vom Leonhardsfriedhof über Kirchen und über von Religion geprägte Orte, wie Stauferbasilika Johanniskirche und Heilig-Kreuz-Münster, bis zum geheimnisvollen Kreuzweg hinauf zur Felsenkapelle St. Salvator, hoch über dem Bahnhof und der Innenstadt. Die Route zeigt dabei die kulturhistorisch bedeutsamen Bauten ebenso wie weitere christlich geprägte Besinnungsorte. Ein besonderes Glanzlicht ist dabei der Innenhof des früheren Spitals am unteren Marktplatz.

Der Himmelsgarten

Am spannendsten ist der Aufstieg vom Gmünder Bahnhof aus (rund 20 Minuten) durch das geheimnisvolle und wildromantische Taubental hinauf bis zum Landschafts- und Freizeitpark. Hier gibt es für Groß und Klein vieles zu entdecken: den gut 40 Meter hohen „Himmelsstürmer“ – einen einzigartigen Aussichtsturm aus Holz, Wasserspielflächen für die Kleinsten, das Erlebniszentrum des Heilmittel- und Naturkosmetikherstellers Weleda, den Baumwipfel-Kletterparcours „Skypark“, die einmalige Waldkugelbahn, die jetzt mit einer Sprungschanze bis zum Abenteuerhügel auf der Hochfläche erweitert wurde, kulinarische Genüsse aus dem Original-Holzbackofenhäusle und viele andere Attraktionen mehr.

16
REMSTAL GARTENSCHAU 2019
Der Rosengarten (Antibes)
FLORALE EINDRÜCKE VON DER CÔTE D'AZUR
Seit 1976 sind Antibes und Schwäbisch Gmünd Partnerstädte. Antibes liegt an der Côte d'Azur zwischen Nizza und Cannes und zählt etwa 75.000 Einwohner. Griechische Seeleute gründeten dort um 400 v. Chr. in einer geschützten Bucht – einer idealen Etappe auf den langen Überfahrten zwischen Korsika und Massalia (Marseille) – eine Handelsniederlassung. Später wurde Antibes von den Römern zu einer bedeutenden Stadt ausgebaut und war in der Spätantike auch Bischofssitz.
Der Hafen Port Vauban ist heute der größte Yachthafen des Mittelmeerraumes. Als einzige von Stadtmauern umgebene Stadt der Küste hat Antibes jedoch sein Kulturgut und seine Authentizität bewahrt. Zu Beginn des 20. Jahrhunderts lebten viele Schriftsteller und Künstler, u. a. Picasso, in der Stadt. Antibes Juan-les-Pins ist auch die Stadt des Jazz und der Lebensfreude (nach dem Bild Picassos „Joie de Vivre"), ein Ort zahlreicher Festspiele und die Welthauptstadt der Rosen. Dieses Thema greift der Antiber Rosengarten auf. Die „Calade" genannten Pflasterwege lassen die provençalische Verortung der Stadt anklingen.
UNTERSTÜTZT DURCH:
ULRICH GARTEN
Schwäbisch Gmünd
DIE ERLEBNIS-GÄRTEN

Lindenfirst

Florian Nagler Architekten, München

Die dreistöckige Konstruktion besteht aus sägerauem Lärchenholz mit einfachen Schraub- und Stabdübel-Verbindungen. Ein weißer Vorhang aus Segeltuch schützt den Aufenthalt im Bereich der Tanzebene vor Wind. An den der Sonnenseite zugewandten Stützen werden weiß blühende Kletterrosen gepflanzt, die in wenigen Jahren bis zur obersten Ebene emporranken können.

Nach einem engen und steilen Aufstieg wird man oben mit einem fantastischen Blick über Schwäbisch Gmünd belohnt. Im mittleren Bereich spielt der Wind mit den Vorhängen und zaubert ein wechselndes Lichtspiel auf die Planken. Hier möchte man bleiben, die Augen schließen und träumen.

Geokoordinaten: 48.805220, 9.792834

Unendlich liebevoll

Mitten im Stauferland, überragt vom einstigen Benediktinerkloster, liegt das liebenswerte Städtchen Lorch mit seinen 11 100 Einwohnern. Eingebettet in die, für Lorch charakteristische, waldreiche Hügellandschaft an der schmalsten Stelle des Remstals, zeichnet sich das ehemalige geistige Zentrum der Staufer durch sein mildes Klima aus. Nicht nur die Römer siedelten hier, auch Friedrich Schiller und Eduard Mörike weilten hierselbst. Kunst und Kultur, Sport und Erholung, Natur pur, regionale Küche, aber auch moderne Architektur und ein hervorragender Wirtschaftsstandort – für all das steht Lorch am geographischen Remsmittelpunkt, als Tor zur Metropolregion Stuttgart und zum Naturpark Schwäbisch-Fränkischer Wald.

Einer der markantesten Punkte des obergermanischen und raetischen Limes liegt am rekonstruierten römischen Wachturm nahe des Klosters Lorch. Der südlich des Mains schnurgerade in nahezu nordsüdlicher Richtung verlaufende Limes biegt an dieser Stelle unmittelbar nach Osten ab und bildet das bekannte Limesknie. Diese Richtungsänderung der römischen Grenzsperre war notwendig, um das Remstal mit seiner wichtigen Verkehrsroute nach Aalen und weiter in die Nachbarprovinz Raetien zu schützen.

Schillerplatz und Remsgarten

Der Schillerplatz im Herzen Lorchs wurde als Spielbühne großzügig neu gestaltet und damit die Aufenthaltsqualität dort verbessert. Der freigelegte Götzenbach und gemütliche Sitzmöglichkeiten laden zum Spielen und Verweilen ein. Der neue Schillerplatz bietet außerdem zusätzlichen Platz für Veranstaltungen, Märkte und Feste.
Mit dem Abriss des alten Feuerwehrgerätehauses wurde die Grundlage dafür geschaffen, den Platz hinter dem Bürgerhaus neu zu gestalten. Entstanden ist ein einladender Remsgarten, dessen große Wiesenfläche einen schönen Kontrast zum gepflasterten Schillerplatz darstellt. Der Remsgarten bietet zur Rems hin viele Spiel- und Aufenthaltsmöglichkeiten und einen wunderschönen Blick auf den Fluss.

Der neue Kirchhof

Der Kirchhof der evangelischen Stadtkirche wurde pünktlich zur Remstal Gartenschau fertig gestellt. Es ist eine kleine Fußwegverbindung zwischen dem Tor im Osten und der Treppenanlage im Westen entstanden. Sitzmauern im Bereich des Vorplatzes, ein Baumhof als Rückzugsort, ein Labyrinth und eine Schmuckbepflanzung entlang der Hauptwegeverbindung laden zum Verweilen ein. Die vorhandenen Grabsteine und Stelen wurden dabei erhalten und sollen an den ehemaligen Friedhof erinnern.

Der Remsmittelpunkt

Der geografische Remsmittelpunkt wurde zur Gartenschau ganz besonders in Szene gesetzt. Am Ufer entstand ein gemütlicher Rastplatz mit Sitzgelegenheiten und einer Aktionsfläche. Im Wasser weisen dann ein monolithischer Stein und Steinringe auf diesen besonderen Ort hin. Der Wasserlauf wurde renaturiert und mit Störsteinen und entsprechender Bepflanzung aufgewertet.

GEOGRAPHISCHER REMSMITTELPUNKT
LORCH-WALDHAUSEN
REMSTAL GARTENSCHAU 2019
STADT LORCH
WAIBLINGEN
KORB
FELLBACH
KERNEN IM REMSTAL
WEINSTADT
REMSHALDEN
WINTERBACH
SCHORNDORF
URBACH
PLÜDERHAUSEN
Wir sind dabei!
REMSTAL GARTENSCHAU 2019
LORCH
LORCH-WALDHAUSEN
SCHWÄBISCH GMÜND
BÖBINGEN AN DER REMS
MÖGGLINGEN
ESSINGEN

Das Benediktinerkloster Lorch

Weit sichtbar liegt das Kloster Lorch über dem Remstal. Um 1100 als staufisches Hauskloster gegründet, ist es Begräbnisort einiger Mitglieder des staufischen Herrscherhauses, darunter Königin Irene von Byzanz, die Gemahlin des Stauferkönigs Philipp von Schwaben.

Eine vollständig erhaltene Ringmauer umgibt die spätmittelalterlich geprägte Klosteranlage. In der Klosterkirche erinnert die im Mittelschiff stehende Staufer-Tumba von 1475 an die Staufer als Klostergründer. Wandmalereien an den Mittelschiffpfeilern der Kirche, die um 1530 entstanden, zeigen die bedeutendsten

staufischen Herrscher. Die Dauerausstellung in den Seitenschiffen der Kirche informiert unter anderem über die Baugeschichte der Klosteranlage, das benediktinische Klosterleben, die Reformation in Lorch sowie über die Entdeckung der Klosteranlage als mittelalterliches Denkmal im 19. Jahrhundert. Reproduktionen der farbenprächtigen Lorcher Chorbücher laden zum Blättern und Studieren ein. Vom Marsiliusturm der ehemaligen Klosterkirche bieten sich herrliche Ausblicke auf die Anlage und die Umgebung, nebenan zieht die Stauferfalknerei die Gäste in ihren Bann.

Seit 2007 ist die barocke Prälatenstube im Rahmen geführter Rundgänge zu besichtigen: ein erhalten gebliebener repräsentativer Raum, der im Stil der Zeit um 1690 ausgemalt ist.

Eine besondere Attraktion ist das 30 x 4,50 m große Staufer-Rundbild des Lorcher Malers Hans Kloss im Kapitelsaal, das die Geschichte der Staufer bunt, lebendig und mit Humor gewürzt erzählt.

Evangelium St. Matthäi.

Das erste Capitel.

Kloster Lorch

Gehäkeltes Haus

Architekt: Hild und K Architekten, München

Das „Luginsland" ist ein Häuschen an der südlichen Ringmauer des Klosters Lorch, das in früheren Zeiten vermutlich der Überwachung der unterhalb gelegenen Fernhandelsstraße diente. 164 Tage lang ist das Gebäude eingepackt. Mit dem Ende der Gartenschau soll der weiße Überwurf aus wetterfestem Nylon für weitere 10 Jahre zum Pendant des Wachhauses werden: Er wird an eine Stelle gebracht, die bereits während der 164 Gartenschau-Tage ein weiteres „Luginsland" darstellt: Ein gut einsichtiger Ort wird als temporäres bestücktes Aussichtsplateau für Besucher angelegt.

Geokoordinaten: 48.799287, 9.704608

Charakteristisch für Plüderhausen mit seinen 9 400 Einwohnern sind die vielen Feste, die drei Theaterbühnen und der bei Jung und Alt beliebte Badesee.

Neben den Seen locken auch die vielen Feste wie die Plüderhäuser Festtage (www.pluederhaeuser-festtage.de) oder der Floh- und Trödelmarkt jedes Jahr zahlreiche Besucher aus dem Umland nach Plüderhausen. Ebenso sind das Bauerntheater Walkersbach, das Plüderhäuser Theaterbrettle oder das Theater hinterm Scheuerntor längst keine Geheimtipps mehr. Die Karten für die Vorführungen sind meist rasch vergriffen.

Der Grüne Anger

Besonderer Blickfang ist der idyllisch gestaltete Wasserlauf, der die moderne Weg- und Baumachse Richtung Marktplatz begleitet. Kräuterhochbeete bereichern mit Farben und Düften die attraktive Ruheinsel mitten im Ort.

Der Marktplatz

Das umgestaltete Parkdeck am Marktplatz ist durch den Generationenspielplatz mit Boule-Feld und einem großen Schachspiel zum Treffpunkt für Jung und Alt geworden. Eine Pergola bietet die Möglichkeit, das Treiben auf dem Marktplatz zu betrachten.

Der Badesee

Der ehemalige Baggersee mit teilweise steilen Ufern verdankt seine hervorragende Wasserqualität starken Grundwasserquellen, die auch bei langen Hitzeperioden frisches Wasser liefern. Der See verfügt über vier Badestege und einen abgegrenzten Nichtschwimmerbereich. Für die Badegäste sind Umkleidekabinen, eine Dusche, Toiletten sowie ein Kiosk vorhanden. Verboten ist u. a. das Befahren mit Booten, das Mitbringen von Hunden, das Anlegen von Feuerstellen und der Betrieb von Grillgeräten. Auch das Zelten und der Aufenthalt zwischen 23:00 Uhr und 06:00 Uhr sind nicht erlaubt.

Der Bürgergarten

Unter dem Motto „Essbare Gärten“ gibt es im von Plüderhäuser Bürger in Eigenarbeit angelegten Garten verschiedene Beete mit teils fast vergessenen Kulturpflanzen. Aber auch das Thema Ziergarten kommt nicht zu kurz. Ein groß angelegtes Staudenbeet blüht in bunter Vielfalt. Bei vielen Veranstaltungen zur Gartenpflege können Besucher tolle Ideen und Tipps erfahren.

Töchter der Rems

Besondere Aufmerksamkeit erwecken die Skulpturen der Künstlerin Karin Lutz. Die Figuren begleiten den Besucher die Rems entlang. In einem eigenen Garten gruppieren sich die Modelle wie bei einer Modeschau.

Kunstweg Rems

Der Kunstweg des Kollektivs Art5 beginnt am Bahnhof und findet seinen Höhepunkt im Remspark. Mit den Fischen als Hauptmotiv überrascht er die Betrachter mit der Vielfalt der Farben, Formen und Größen.

Remspromenade

An der neuen Remspromenade wurde eine Ruheoase geschaffen. Der Lesegarten mit Bücherschrank bietet den Besuchern des Parks einen Ort zum Schmökern und Entspannen. Der Wasserspielplatz wurde ausgebaut und ist Anziehungspunkt für Kinder und Familien. Hier kann man am Ufer der Rems herrlich spielen und sich erholen. Sitzterrassen, Rastmöglichkeiten und der Wasserspielplatz sind beliebte Anziehungspunkte. An lauen Sommerabenden verwandelt sich die Idylle dann gerne in eine Partymeile.

Der Hochzeitsturm

Architekt: Uwe Schröder, Bonn

Seit Mitte der 1990er-Jahre pflanzen Brautpaare, die sich auf dem Plüderhausener Rathaus das Ja-Wort gegeben haben, auf einer sogenannten „Hochzeitswiese“ einen Obstbaum. Dem Brauch ging ein drastischer Einschnitt in die Lebenswirklichkeit voraus: Nach dem Dreißigjährigen Krieg (1618–1648) bestimmten Verordnungen und Verpflichtungen wechselnder Landesväter „im Rahmen der allgemeinen Bestrebung zur Hebung der Landeskultur“ den Anfang: Heiratswillige Bauern und Bewerber um das Bürgerrecht wurden verpflichtet, Obstbäume an Straßen oder auf Allmenden zu pflanzen.

Das Paar nähert sich von oberhalb dem weiß engobierten Backsteinturm, der hangaufwärts zwei schmale, nebeneinanderliegende Öffnungen aufweist. Über Stufen in den Schwellen treten die beiden gemeinsam und zugleich, aber durch die beiden Öffnungen voneinander getrennt, in das Innere hinein. Dort, im Turmhaus, verliert der Backstein seine weiße Engobe und zeigt seine rote Grundfarbe. Für einen Moment verweilen die beiden im Haus des Turmes. Vor ihnen weitet sich der Blick im Rahmen der großen Bogenöffnung gen Westen. Für einen Augenblick wenden sich die beiden einander zu, sich des gegebenen Versprechens vergewissernd. Eine Glücksmünze fällt durch den dunklen Schlitz im rot gepflasterten Boden. Hand in Hand, Arm in Arm, schreitet das Paar danach gemeinsam voran über die tiefe Schwelle des großen Bogens, dem Blick nachgehend, die Stufen hinab zu den Spaten in beiden Nischen der tiefen Laibungen. Von dort führt der Weg unter den Obstbäumen über die Wiese zu der auserkorenen Stelle ihres Baumes.

Geokoordinaten: 48.800239, 9.604695

Charakteristisch für Urbach mit seinen 8 900 Einwohnern sind der Bergrutsch mit Rundstrecke, große Waldgebiete und reizvolle Streuobstwiesen. In der unberührten Natur findet man wahre Schätze, versteckte Traumplätze und häufig auch zu sich selbst. Urbacher Vereine sowie das Kulturamt der Gemeinde bieten ihren Gästen alljährlich einen bunten Strauß an Veranstaltungen, darunter den regional bekannten Remstäler Töpfermarkt am letzten April-Wochenende oder die Veranstaltungsreihe „Kabarett und Comedy“.

Der Bergrutsch

Ein Bergrutsch im Jahr 2001 hat die Hangkulisse im Gewann „Kirchsteig“ nördlich des Ortes nachhaltig verändert und geprägt, nachdem dort auf einer Länge von ca. 200 Metern das Gelände gut 15 Meter tief abgesackt ist. Informationen dazu erhält man auf einem drei Kilometer langen Rundweg mit neun Schautafeln und viel Wissenswertem zu Geologie, Tier- und Pflanzenwelt und landwirtschaftlicher Geschichte des Bergrutschgebietes.

Die Urbacher Skulpturenachse

Acht Künstlerinnen und Künstler aus dem Landkreis und aus Baden-Württemberg haben entlang des „Grünen Bandes" durch Urbachs Mitte elf Skulpturen geschaffen. „Wir wollen die städtebauliche Kulisse im Herzen von Urbach im Gartenschau-Jahr zu einem Ort der Begegnung mit Kunst und Kultur machen", so Johannes Fuchs, der Koordinator des Skulpturenprojektes. Das ist gelungen, und die Besucher können sich heute über einen außergewöhnlichen Kunstweg freuen.

Urbach und Rems treffen sich

Rastplatz an der Rems

Dort, wo der Urbach in die Rems mündet, ist eine neue Aussichtsplattform mit Spiel- und Klettermöglichkeiten entstanden. Zur Rems wurde ein Zugang geschaffen, der nun zum Baden und Feiern einlädt. Eine Grillstelle ergänzt das Angebot und ist für die Besucher zu einem Platz der Kommunikation geworden.

P

Der „Hirsch-Park-Platz“

Eine besondere Überraschung erlebten die Urbacher, als am Morgen des 1. Mai 2019 plötzlich diese Skulptur auf dem Platz stand. Anonyme Meisterhandwerker (Hahna Cumpana) haben den 5,50 Meter hohen, aus alten Holzlatten gezimmerten Hirsch über Nacht aufgestellt. Seither schmückt er den Platz und darf hoffentlich dauerhaft die Besucher begrüßen.

Turm an der Birke

Architekten: Menges/Knippers, Stuttgart

Mit über zwölf Metern Höhe ist der „Turm an der Birke“ schon von weitem sichtbar und sowohl für Urbach als auch für die Besucher zum Orientierungspunkt geworden. Im Turm befindet sich ein schützender Raum, der sich zur Ortschaft hin öffnet. Der architektonische Entwurf wird durch eine innovative und äußerst leichte Konstruktion möglich. Er ist der weltweit erste Bau einer tragenden Holzkonstruktion aus selbstformend hergestellten Holzbauteilen.

Der Turm ist sicherlich eines der spektakulärsten Bauwerke der 16 Stationen. Von der B 29 aus ist er bereits gut zu sehen. Bis man ihn dann findet, dauert es aber noch eine Weile. Aber es lohnt sich ihn zu erkunden. Durch seine Form, seine Öffnungen und seine leicht zur Seite geneigte Statur, wird er vor allem von Fotografen erforscht und abgelichtet. Der Star in den sozialen Medien.

Geokoordinaten: 48.802682, 9.565344

Unendlich erfinderisch

Charakteristisch für Schorndorf mit seinen 40 000 Einwohnern sind sein Marktplatz mit Fachwerkensemble und Blick auf die Reben am Grafenberg, die grüne Oase Schlosspark mit dem namensgebenden, prächtigen Burgschloss direkt in der Innenstadt sowie die lebendige Kulturszene. Auf einer Geschichtsreise durch die denkmalgeschützte Altstadt sieht man nicht nur historische Gebäude, sondern man kann auch im Geburtshaus Gottlieb Daimlers mehr über den berühmten Erfinder erfahren.

Der Schlosspark

Nach dem Eintritt durch das Jagdschloss öffnen sich vor der prächtigen Kulisse des alten Burgschlosses die Gärten in unendlicher Vielfalt und Schönheit. Der Schlosspark ist Garten, ist Ausstellungsort, ist Bühne und ist ein wunderbarer Platz für Liebende, sich auf dem „Hochzeitsplatz" im Schlossgarten das Ja-Wort zu geben. Auch die kleinen Besucher finden einen Platz für Spiel und Spaß – auf dem neuen Spielplatz, der unter dem Motto „Spielen am Fort" die kleinen Abenteurerherzen höherschlagen lässt. Im Schlosskeller blühen Blumen – spektakulär inszeniert in einer mal ganz anderen Blumenhalle.

Ottmar Hörls Mini-Daimler

Einen ganz besonderen Anblick bietet die Installation des renommierten Künstlers Ottmar Hörl: 500 Mal steht Gottlieb Daimler in Gold, Blau und Grau im Schlosspark. Hörl erinnert mit dieser außergewöhnlichen Kunstaktion an den berühmten Sohn Schorndorfs und lädt die Betrachter dazu ein, sich mit dem Visionär und Erfinder neu auseinanderzusetzen, denn Gottlieb Daimlers Pioniergeist beflügelt und wirkt bis heute nach.

WITT
weiden
Kneipp

Der historische Marktplatz

Er ist das Herz der Stadt, umrahmt von den wunderbar erhaltenen Fachwerkhäusern, mit dem Alten Rathaus in seiner Mitte, den Geschäften, Cafés und Wohnhäusern. Aufgeteilt in einen Oberen und Unteren Marktplatz ist er Eingangstor in die Stadt und zentraler Treffpunkt. Er ist auch der zentrale Platz für die Feierlichkeiten der Remstal Gartenschau.

Der Stadtpark

Ein echter Hingucker ist der neue Themenspielplatz. Hier kann geklettert, gerutscht und sogar geradelt werden. Die Umgrenzung des Spielplatzes wurde so entwickelt, dass sie sowohl als Sitzbank als auch als Parcours für Kinder mit Mountainbike genutzt werden kann. Das Piratenschiff bleibt natürlich fester Bestandteil und ist ein idealer Ort, um sich auszutoben.

Im Stadtpark wird in der Freiluftküche nach Herzenslust gekocht – die perfekte Ergänzung ist das „Urban Gardening“. Der Stadtbau Pavillon ist eine kleine, feine Bühne für ebensolche Veranstaltungen – von Lesungen über kleine Konzerte bis hin zu kurzen, spirituellen Impulsen.

Der Stadtpark

Mit einem Kabinett der Früchte oder dem Schorndorfer Gärtle, in dem die ganze Schönheit klassischer Bauerngärten wiederaufersteht, erscheint der Stadtpark in neuem Glanz. Die Gärtner zeigen hier, wie wenig Platz ein Garten braucht, und welche leckeren Früchte und Kräuter schon im kleinsten Topf wachsen können. Außerdem gibt es im „Klang-Garten“ Experimentierstationen der Forscherfabrik rund ums Thema „Hören“.

Feuersee

Einst lag dieser Weiher außerhalb der Stadt. Heute ist er mittendrin: der Feuersee. Und jetzt ist er aus dem Dornröschenschlaf erwacht. An seinem neu gestalteten Ufer kann man sich niederlassen und ein wenig von den Spaziergängen durch die Stadt erholen, dabei die Blicke übers Wasser zu den „Schwimmenden Inseln“ und den fröhlich tanzenden Wasserfontänen schweifen lassen.

Auf dem Marktplatz

Die Kirchen nutzen den Marktplatz als einen Ort der Begegnung. Er ist offen für alle Besucher. Wenn die Menschen schon nicht mehr in den Gottesdienst kommen, kommt die Kirche jetzt zu den Menschen. Eine neue Chance für alle.

Der Alte Friedhof

Der Alte Friedhof in Schorndorf ist ein Ort der Ruhe, er erzählt Geschichten und lädt ein, eine Auszeit zu nehmen. Die alten Bäume und die Pflanzen auf den Gräbern bestimmen die Atmosphäre dieses Ortes. Auf dem neu angelegten Besinnungspfad, abseits der Hauptwege und entlang der historischen Gräber, kann der Alte Friedhof behutsam entdeckt werden. Wer in Richtung Friedhofstraße aus dem Alten Friedhof hinaustritt, bewundert die Arbeiten der Schorndorfer Steinmetze und schlendert an den „Holzkistengärten" vorbei, die sich den Themen Gemüse, Kräuter und Früchte widmen.

SOLI DEO GLORIA
GOTTLIEB FRIEDERICH PAULUS
HOFFRATH OBERAMTMANN ZU SCHORNDORFF

Das Prisma

Architekt: schneider+schumacher, Frankfurt

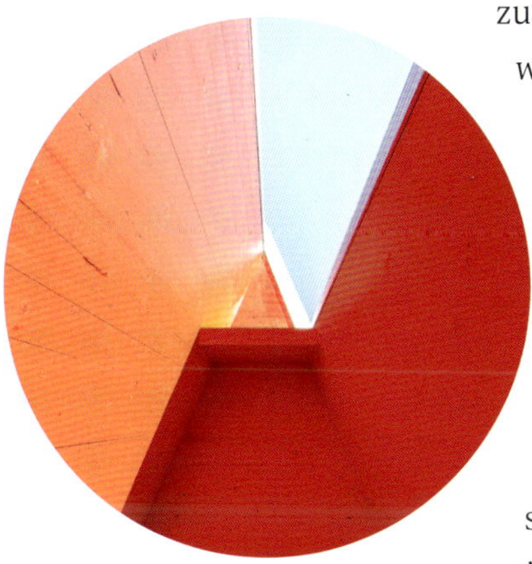

Das Prisma nimmt zwei entgegengesetzte Bezüge zur Landschaft auf: Die vertikale Öffnung orientiert sich zum Tal mit Blickausrichtung zur Schorndorfer Kirche. Die horizontale Öffnung orientiert sich zum Hang, zum Wald und zum tangierenden Wanderweg. Der Zugang in den Innenraum erfolgt von unten über eine in das Gelände modellierte Außentreppe. Außen- und Innenwirkung werden als Gegensatz formuliert. Dies zeigt sich in Materialität und Farbigkeit. Der Körper exponiert sich nach außen mit einer glatten, weißen Epoxid-Beschichtung als weit sichtbare Landmarke, während er innen mit einer mattroten Beschichtung Intimität und Wärme erzeugt. Neben den zwei Schlitzen sorgen punktuelle Glaszylinder in der Außenwand für die Belichtung des Innenraums. Die Ausrichtung dieser Ausblicke zielt auf die anderen 15 Stationen der Remstal Gartenschau 2019.

Geokoordinaten: 48.815261, 9.513349

Unendlich attraktiv

Charakteristisch für Winterbach mit seinen 8 000 Einwohnern sind die vielen Streuobstwiesen, die schicke Ortsmitte und das große Freizeitangebot. Das aufgeschlossene und attraktive Städtchen beeindruckt neben vielen schönen Plätzen durch das lebendige Miteinander.

Feste am Marktplatz

In der Ortsmitte rund um den Neptunbrunnen, den drei Rathäusern und der Michaelskirche lassen es sich die Winterbacher gut gehen. Auf dem Brunnenfest XXL mit großem Straßenkunstfestival und bunter Family-Meile zeigen die Gaukler, Musiker, Magier und Jongleure an verschiedenen Spielorten ein fesselndes Programm. Das „Hofbräu-Regiment" eröffnet mit einem Kanonenschlag das Abendprogramm und rockt bis zum Feuerwerk die Festgemeinde. Die Winterbacher können feiern.

Idyllischer Remsblick

Gleisdorfer Platz

Kunstvoll gestaltete Verkehrsinseln an den Ortseingängen begrüßen die Besucher.
Ein Winterbacher Leuchtturmprojekt für die Remstal Gartenschau 2019 ist die Neugestaltung des Gleisdorfer Platzes mit einem Zugang zur Rems an der Winterbacher Holzbrücke. Jung und Alt soll sich am neu geschaffenen Remsufer wohlfühlen.
Wer den Spaziergang durch die Obstwiesen zum Architekturprojekt der Remstal Gartenschau, den Monopteros, antritt, kann gleich einen Abstecher zu der Juliusquelle unternehmen.

Die Winterbacher Holzbrücke

Der Monopteros

Burger Rudacs Architekten, München.
Das Bauwerk misst im Durchmesser 4,80 m, seine Höhe beträgt bis zum Dach 7,78 m. Die kreisförmige Stufenanlage hat fünf sternförmig angeordnete Trennwände, die in der Mitte zusammentreffen. Sie tragen das kreisrunde, in Entsprechung zu den Stufen getreppte Dach.

Geokoordinaten: 48.798049, 9.462771

Das Haus ist gebaut für die Winterbacher und andere Besucher, für Aussicht und Einsicht, für Kleine und Große, für Schutzsuchende und Geschützte, für Solos und Duette, für Träumer und Sternegucker, für Liebende und Sichküssende, für Sichverlobende und Sichbejahende – für die Schönheit. In den Abendstunden genießen viele den Sonnenuntergang bei einem Gläschen Wein.

Unendlich fit

Charakteristisch für Remshalden sind die Rad- und Wanderwege, das beliebte Freibad und die einladenden Restaurants mit guter regionaler Küche und den herausragenden lokalen Weinen. Weinberge, Wälder und Streuobstwiesen motivieren zum gemütlichen Spaziergang oder zur sportlichen Höchstleistung. Rund 14 100 Menschen leben in den fünf Teilorten Buoch, Geradstetten, Grunbach, Hebsack und Rohrbronn.

Umleitung
Bitte nicht auf die Antarktis treten!

Weltgarten zwischen Geradstetten und Grunbach

Der Weltgarten ist ein Kooperationsprojekt zwischen der Gemeinde Remshalden und dem BUND. Hier haben Kinder, Jugendliche und Erwachsene eine mit allen Sinnen begreifbare (Pflanzen-) Welt erschaffen. Auf Beeten mit den Umrissen einer Weltkarte sieht man für die jeweiligen Länder typische Pflanzen, vergessene Gemüse oder alte Sorten. Die schmelzende Antarktis zieht sich quer durch die Anlage.

Der Bürgerpark

Ein Projekt, das von Bürgern für Bürger geplant wurde. Der Bürgerpark setzt sich aus dem naturnahen Wasserspielplatz, dem Weltgarten, dem Schauweinberg, dem bienenfreundlichen Rosenlehrgarten mit Rosenpavillon, der Partnerschaftsskulptur sowie der kleinen Veranstaltungsfläche und dem Entdeckerweg zusammen, der von den Kirchen gestaltet wurde.

Kunstvolle Sitzmöglichkeiten, die von 20 Mitgliedern des Kunstvereins Remshalden kreiert wurden, laden zum Verweilen ein – Unikate, die Heiterkeit, Begeisterung und Fröhlichkeit ausstrahlen.

Wasserspielplatz und Partnerschaftsskulptur

Der Spielplatz begeistert durch ein Wasserspiel mit Handpumpe, einen Bereich zum Matschen sowie eine auf alle Altersklassen abgestimmte Auswahl an Spielgeräten.

Die Partnerschaftsskulptur wurde als Zeichen der Verbundenheit zwischen den Partnergemeinden im Bürgerpark aufgestellt. Die vier quadratisch angeordneten Stelen stehen für Gournay-en-Bray (F), Etyek (H) und Elterlein (D) sowie Remshalden. In den Stelen sind Ausklinkungen vorhanden, in die Kunstwerke aus den jeweiligen Partnergemeinden eingefügt wurden.

Rosenpavillon

Schulz und Schulz Architekten, Leipzig

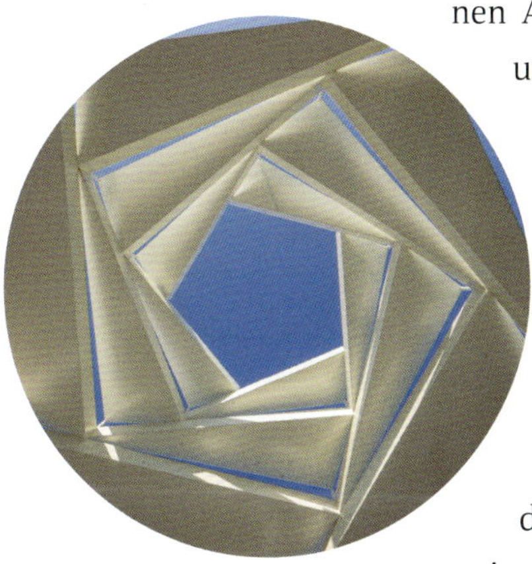

Der Pavillon liegt in Remshalden auf einer kleinen Anhöhe nördlich der Schorndorfer Straße und westlich eines Wohngebiets. Sein Design orientiert sich am Vorbild eines klassischen Musikpavillons. Die einzelnen Elemente des Pavillons verbinden sich zu einer statischen und konstruktiven Einheit mit gegenseitigen Abhängigkeiten. Der Bau ist über eine fünfeckige Bodenplatte gegründet. Auf der Fundamentoberseite werden die L-förmigen Eckstützen durch aufgedübelte Stahlplatten, die voll mit den Stützenfüßen verschweißt sind, angeschlossen.

Der Pavillon erfreut sich bereits jetzt größter Beliebtheit, da er in einem reizvollen Rosengarten angelegt ist und daneben gemütliche Sitz- und Grillmöglichkeiten angeboten werden.

Geokoordinaten: 48.816105, 9.427723

Weinstadt mit seinen 26 800 Einwohnern liegt im Herzen des Weinbaugebiets Remstal, umgeben von den Hängen des Schurwalds sowie von Obstwiesen und Weinbergen. Beutelsbach, Endersbach, Großheppach, Schnait und Strümpfelbach – die Namen der fünf Weinstädter Stadtteile lassen die Augen von Weinkennern leuchten. Gleichzeitig blicken die Stadtteile auf eine reiche Geschichte zurück, die eng mit dem Weinbau sowie landesgeschichtlichen Ereignissen wie den Ursprüngen des Königreichs Württemberg oder dem großen Bauernaufstand des „Armen Konrad“ im Jahr 1514 verknüpft und auch heute noch in Bauzeugnissen allgegenwärtig ist.

Luitenbächer Höhe

Bis vor wenigen Jahren noch ein schlichtes, sanierungsbedürftiges Wasserhäuschen für den Weinstädter Stadtteil Großheppach, hat es sich seit der Eröffnung als Aussichtsplattform Luitenbächer Höhe im Mai 2017 schnell zum Besuchermagneten entwickelt. Ob als Hochzeitslocation, als Rastplatz für Wanderer, die auf den Sitzstufen unter der weinbelaubten Pergola die grandiose Aussicht genießen, oder durch Festivitäten aller Art – allein mit ihrer exquisiten Architektur zieht die Luitenbächer Höhe die Besucher in ihren Bann.

Die Birkelspitze

Am Zusammenfluss von Haldenbach und Rems entstand auf der Birkelspitze, einer verwilderten Grünfläche zwischen Rems und Heppach, eine einzigartige Grünfläche, eine Oase inmitten urbaner Bebauung. Die Grünfläche wird gesäumt von üppiger Ufervegetation und lädt zu Ruhe und Erholung ein. Über die neu gesetzte Stuttgarter Holzbrücke, eine einzigartige Verbindung aus heimischer Forstwirtschaft und Architektur- und

Ingenieurskunst, gelangen Wanderer und Radfahrer ans Nordufer der Rems zum Remstal-Radweg und den Gartenschau-Flächen Steinbruch und Mühlwiesen. Die weiße Station „Kaminhaus“ setzt einen architektonischen Glanzpunkt direkt am Flussufer. Schwerpunkt der Gartenschau-Veranstaltungen auf der Birkelspitze sind ehrenamtliche Mitmacherateliers und Kleinkunst.

Jazzclub Armer Konrad an der Rems

Als einer der ältesten und mitgliederstärksten Jazzclubs in Baden-Württemberg – er wurde 1980 gegründet – gestaltet der Jazzclub Armer Konrad mit über 60 aktiven Mitgliedern maßgeblich das kulturelle Leben auch weit außerhalb Weinstadts. Volles Haus, oder besser gesagt, volle Wiese bei dem Auftritt von Dr. Mablues & the Detail Horns –seit über 30 Jahren zelebrieren Mablues in unveränderter Besetzung und mit grenzenloser Bandpower einen einzigartigen Mix aus bläserbetontem Rhythm'n'Blues, Rock und Soul. Mit einer unverwechselbaren Bühnenshow, fesselnden Wortspielereien und unwiderstehlicher Verbalakrobatik sorgen die Musiker aus dem Remstal für professionelles Entertainment.

Mühlwiesen Großheppach

Für die Gartenschau wurden die Mühlwiesen bei der Häckermühle Großheppach aus ihrem Dornröschenschlaf geweckt. Mit einem Sandstrand wurde die Rems erlebbar gemacht, die alte Remsbrücke aus dem späten 16. Jahrhundert freigelegt und ein großer Kinderspielplatz erschaffen. Heute ist daraus eine Picknickoase mit Erlebnisbad an der Rems für die ganze Familie entstanden.

Burgruine Kappelberg

Weinstadt – die Wiege Württembergs. Luitgard, die als Begründerin des Königshauses Württemberg gilt, wurde im Jahr 1080 im Weinstädter Stadtteil Beutelsbach geboren. Auf dem Kappelberg, einem Bergsporn über Beutelsbach, lädt die Ruine der Burg Beutelsbach zum Verweilen ein – fantastische Ausblicke bis ins Neckartal inklusive. Wo heute nur noch Mauerreste zu sehen sind, thronte einst die Stammburg der Württemberger, bevor diese Ende des 11. Jahrhunderts eine neu errichtete Burg auf dem namensgebenden Wirtemberg bei Stuttgart bezogen.

Nicht weniger bedeutend waren die Auswir- kungen der ersten deutschen Freiheitsbewegung, die im Bauernkriegsaufstand „Armer Konrad", Vorläufer des Bauernkrieges, im Jahr 1514 hie ebenfalls ihren Ur- sprung hatte. Ge- hen Sie auf einen Streifzug durch das Württemberg Haus Beutelsbach, das mit den beiden Museen zur Wiege Württembergs und zum Bauernkrieg diese bedeutenden Ereignisse der Landesgeschichte erlebbar macht.

Steinbruch Beutelsbach

Vor über 30 Jahren wurde der Steinbruch Beutelstein an der Rems aufgegeben. Schnell hat sich die Natur das Gelände zurückerobert. Heute steht das Refugium für Flora und Fauna unter Landschaftsschutz – im Rahmen der Gartenschau bildet der Steinbruch eine prachtvolle Naturkulisse für die Ausstellung Tiny House & Micro Living sowie für zahlreiche Angebote und Aktivitäten wie Biergarten, Veranstaltungsbühne oder die Klanginstallation Talking Trees am Remsufer.

Skulpturenpfad Strümpfelbach

Werke des weithin bekannten Künstlers Prof. Karl Ulrich Nuss, seines Vaters Prof. Fritz Nuss und weiterer Mitglieder der Familie finden sich im Ort sowie auch und gerade beim berühmten Skulpturenpfad in den Weinbergen und der Skulpturenallee beim Naturfreundehaus. Die Skulpturen locken Besucher aus dem ganzen Land zu einem Spaziergang und der lohnt sich. Von Beziehungen lebt der Mensch und die gibt es reichlich in den Bronzeskulpturen von Nuss zu finden. Ob sie voreinander fliehen oder sich nicht loslassen können, am Ende sitzen sie friedlich beisammen und genießen den Sonnenuntergang über dem schönen Remstal.

Remstalkino

Auf einem Bergsporn hoch über Beutelsbach nehmen Sie Platz im Remstalkino – die Natur ist Ihre Leinwand. Der Schauplatz ist immer derselbe, der Film wechselt jedoch ständig. Im Remstalkino gibt es mit den Jahreszeiten, den Tageszeiten oder dem Wetter täglich, manchmal sogar stündlich ein neues Programm. Je nachdem, wie turbulent das Wetter gerade ist, gibt es dramatische oder sanfte Veränderungen. Nehmen Sie Platz auf einem der 26 Sessel aus Edelstahl und Kastanienholz und lassen Sie sich entführen.

Das Remstalkino ist als Bürgerprojekt zur Gartenschau entstanden und frei zugänglich.

Kaminhaus

su und z Architekten, München

Auf einer Halbinsel zwischen Rems und der Mündung des Haldenbachs, der sogenannten Birkelspitze, steht das Kaminhaus. Die filigrane Konstruktion vermittelt zwischen vergangener Zeit und heute, erinnert an die Tradition des Fachwerkbaus und bietet Platz für Ruhe, Genuss und Geselligkeit. Als Rastplatz bietet das kleine Haus Wanderern, Radfahrern und Bootstouristen stets eine offene Pforte. Auch stellen das Kaminhaus und die Freifläche ein einladendes Ambiente für Weinverkostungen und andere Veranstaltungen aller Art zur Verfügung. Die allgegenwärtige Kultur des Weinbaus an den sonnenverwöhnten Rebhängen entlang der Rems und ihren Seitentälern findet so ihren Weg von den Weinbergen ins Herz der Stadt.

Geokoordinaten: 48.816043, 9.364943

Unendlich frei

Die Weinbaugemeinde Korb mit 10 700 Einwohnern – eingebettet in die rebenbewachsenen, sonnenverwöhnten Hänge des „Korber Kopfs“, des „Hörnleskopfs“ und des „Kleinheppacher Kopfs“ – markiert am Fuße der westlichen Ausläufer der Buocher Höhe das „Tor zum Remstal“. Die vielfach prämierten Korber Weine der Lagen „Sommerhalde“, „Berg“ und „Hörnle“ genießen in ganz Württemberg und weit darüber hinaus hohes Renommee bei Weinkennern und Genießern. Charakteristisch für Korb sind der Skulpturenrundweg „Köpfe am Korber Kopf“, die vielfältigen Outdooraktivitäten und das Steinzeitmuseum in Kleinheppach. Hier erobern Gleitschirmflieger die Luft, Wanderer die Weinberge und Mountainbiker die Downhillstrecke.

Alfred-Leikam-Garten

Die beschauliche kleine Parkanlage am Ortseingang ist nach dem NS-Widerstandskämpfer und Korber Sohn Alfred Leikam benannt, der 1915 in der Weinbaugemeinde geboren wurde. An zentraler Stelle des Gartens strebt eine bronzene Kopfsilhouette empor, eine Skulptur des Korber Künstlers Guido Messer, die mit ihrer markanten Kinnpartie und der Betonung von Augen und Brille Alfred Leikams sein eigenständiges Denken, seine Weitsicht und seinen Mut zum Handeln symbolisiert.

Der Korber Seeplatz

Eine große Freifläche mit Seeanlage inmitten des Ortes, umgeben von kleinen Cafés, Fachgeschäften und verschiedensten Einkaufsmöglichkeiten für den täglichen Bedarf. Ein Festplatz für Vereine, ein Ort der Kunst, ein Bereich zum Spielen, eine grüne Oase zum Innehalten, ein Marktplatz – kurzum: ein Treffpunkt für Jung und Alt.

Die Bronzeskulptur „Der Ausländer“ stellt sein Schöpfer Guido Messer als Nicht-Angekommenen dar. „Muss er abreisen oder kann er bleiben?“ Heinrich Böll umschrieb das Los der Gastarbeiter treffend mit dem Satz: „Wir warteten auf Arbeitskräfte und es kamen Menschen.“

Skulpturenrundweg „Köpfe am Korber Kopf"

Mit Kunst in schönster Natur zeigt sich der Skulpturenrundweg. Bereits zum 13. Mal präsentieren Bildhauer ihre Arbeiten. Die Ausstellungen werden jedes Jahr mit neuen Werken und Themen fortgeführt. Ein Spaziergang wird deshalb ständig zu einer neuen Entdeckungsreise.

Die Künstler

Neben etablierten Künstlern nehmen auch immer wieder Klassen verschiedener Schulen und Einrichtungen teil, dieses Mal: die Klassen 10 a + b der Gemeinschaftsschule Korb, die Kunstprofilklassen 8 a + b und 9 a + c des Staufer-Gymnasiums Waiblingen und die Schülerinnen und Schüler der Paulinenpflege Winnenden.

Der Steinzeitwanderweg

Der Kleinheppacher Kopf lädt mit seiner grandiosen Aussicht zu einem Ausflug in die Steinzeit ein. Von der Altsteinzeit über die Jungsteinzeit, die Bronzezeit und die Römerzeit bis ins Mittelalter können die Wanderer reisen. Auf dem Weg darf an acht Stationen die Steinzeitwelt bestaunt werden. Der Weg führt am Aussichtsturm „Fernsehen in Korb“ vorbei.

Fernsehen in Korb

studioRAUCH Architektur, München

Schon von weitem erkennt man ihn: den Turm, der aus den Weinreben ragt. Ein Aussichtspunkt mit sagenhaftem Panoramablick auf Korb bis hin nach Fellbach und ins Remstal hinein, aus jeder Höhe und zu allen Seiten. Wie eine rankende Pflanze folgen die Treppen im Inneren des Turms keinem festgelegten Schema, ehe sie im Aussichtsraum enden. Dort, wo die Treppen an die Innenfassade stoßen, befinden sich Podeste und Öffnungen. Der Aufstieg wird zum Erlebnis der Umgebung und bietet einen Vorgeschmack auf die einmalige Aussicht vom Dachgeschoss aus. Das Motiv des Emporrankens wird an der Fassade variiert: Wie an einem Spalier kann dort Wein wachsen und sich allmählich ausbreiten. Die kreuzweise verschraubten Latten sind weiß lasiert, dem Thema der 16 Stationen entsprechend. Die Besucher besteigen und bestaunen das Bauwerk. Vor den Fenstern entstehen lebhafte Diskussionen über das Treppenhaus und die sagenhaften Ausblicke nach allen Seiten.

Geokoordinaten: 48.832329, 9.375327

Unendlich kernig

15 300 Einwohner leben in den beiden Ortsteilen Rommelshausen und Stetten. Weinreben fast soweit das Auge reicht, Naturidylle an Wasser und Wald, lebendige Ortskerne, gelebte Historie und viel Kultur – all das bündelt sich in Kernen im Remstal.

Gebaut wurde das Tor ins Remstal von dem gelernten Maurer Walter Greiner und seinem Schwiegersohn sowie einigen örtlichen Handwerkern, die mit dem Torbogen den Anwohnern und Gästen symbolisch den Weg ins Remstal weisen wollen.

Schloss Stetten

Von einer kleinen, von einem Wassergraben umgebenen Fachwerkbehausung entwickelte sich das Areal durch die Herren von Stetten zu einer prächtigen Schlossanlage, die viele Baustile über die Jahrhunderte hinweg in sich vereint – vom fränkischen Fachwerk über die Renaissance und den Barockstil bis hin zur modernen Architektur des 21. Jahrhunderts. Bis Mitte des 19. Jahrhunderts diente das Schloss den Witwen württembergischer Herzöge als Ruhesitz. Später wurde eine „Heil- und Nervenanstalt" eingerichtet, deren berühmtester Bewohner im Alter von 15 Jahren der spätere Schriftsteller und Literaturnobelpreisträger Hermann Hesse war. Aus der Anstalt ging die Diakonie Stetten hervor, die behinderten Menschen dort eine Heimat bietet. Mit dem Sommersaal besitzt das Schloss zudem einen barocken Konzert- und Veranstaltungssaal der Extraklasse.

Mit der Schlosspark-Neugestaltung in der Ortsmitte Stettens wurde ein zentraler Frei- und Veranstaltungsbereich für die Gartenschau und darüber hinaus geschaffen. Sein Herzstück ist ein inklusiver Spielplatz mit fantasievollen Spiellandschaften aus Rundhölzern, die viel Raum zum Klettern, Toben, Verstecken und Entdecken bieten.

In beiden Ortsteilen flattern während der Remstal Gartenschau über 120 bunte Fahnen im Wind, die von über 50 kreativen Menschen aus Gemeinde und Region mit Gemälden, Fotos und Kollagen gestaltet wurden. Die Freiluftgalerie ist ein besonderer Beitrag der Gemeinde Kernen und des Kunst- und Kulturvereins Kernen e. V.

Ein Treffpunkt in Rommelshausen

Der Bürgergarten

Ein neuer kommunikativer Treffpunkt in der Rommelshausener Ortsmitte: Ein erweiterter Spielplatzbereich verschmilzt in den Kirchgärten mit einer Genusszone samt Outdoor-Küche. Kräuter- und Gemüsehochbeete sowie ein großzügiger Sitzbereich mit Pergola machen das Open-Air-Vergnügen komplett.
Ein besonderes Schmuckstück ist das alte Pfarrhaus.

Yburg mit Skulpturen von Karl Ulrich Nuss

Die idyllisch in den Weinbergen gelegene Ruine wurde etwa 1300 bis 1310 durch die Truchsessen von Stetten und deren Vettern von Y-Berg erbaut. Die Bauherren führten das Bauprojekt jedoch nicht vollständig aus. 1760 erfolgte der Abriss der Burganlage bis auf die heute noch sichtbaren Außenwände. Üppige Figuren und skurrile Skulpturen des Bildhauers Karl Ulrich Nuss aus dem benachbarten Strümpfelbach bewohnen heute die Ruine, die auch als Theater- und Hochzeitskulisse dient.

Yburg

Ausgesprochen wird die Yburg: I-Burg. Wobei dies auch eine Fortentwicklung des ursprünglichen Begriffs ist: Eibenberg wurde das Gelände einst genannt, vermutlich in Anlehnung an die Eibe, einem damals weit verbreiteten Nadelbaum. Daraus entstand dann Eibenburg, Y-Burg und schließlich die heutige Schreibweise Yburg.

Die Yburg thront über Stetten und Rommelshausen

Wengerter Häuschen

Architekturbüro Kuehn Malvezzi, Berlin

Wengerter Häuschen und Pflückgärten: Im Zusammenspiel von Topografie, geeigneten Böden, einem besonders milden Klima und der Arbeit der Wengerter hat die Gemeinde Kernen über Jahrhunderte ihre besondere morphologische Prägung erfahren. Das Wengerter Häuschen dient als einfacher Unterstand, Rastplatz und Aussichtspunkt. Es bildet den Auftakt des Parcours. Von hier aus führt ein kleiner Pfad über den Hügel, vorbei an vier terrassierten Pflückgärten. Die Gärten haben die gleiche Grundfläche wie das Haus, stehen jedoch in einem Spannungsverhältnis zur Strenge der Architektur. Durch variierende Kombinationen aus Bäumen und Sträuchern erhält jeder Garten seinen eigenen Charakter und verschenkt verschiedene Früchte. Der unterste Garten bildet eine Klammer zum Wengerter Häuschen, hier finden sich die Rahmen aus Lärchenholz wieder.

Geokoordinaten: 48.787240, 9.32174

In der Stadt Waiblingen und ihren fünf Ortschaften Beinstein, Bittenfeld, Hegnach, Hohenacker und Neustadt leben mehr als 56 500 Einwohner. Die Stadt Waiblingen bezaubert die Besucher durch ihre wunderschöne Altstadt mit verwinkelten Gassen, romantischen Plätzen, schmucken Fachwerkhäusern, imposanten Türmen und mit der an vielen Stellen begehbaren Stadtmauer mit Wehrgang. Eine Besonderheit im süddeutschen Raum stellen die Häuser mit Neidköpfen dar, die von oben herab auf die Besucher blicken.

Mauergang und Apothekergarten

Innerhalb der weitgehend erhaltenen Stadtmauer führt ein Wehrgang aus der zweiten Hälfte des 13. Jahrhunderts vom Bädertörle bis zum Apothekergarten. Dieser bietet mit seinen verschiedenen Kräutern eine Oase der Ruhe. Durch das Bädertörle gelangt man über den Mühlkanal hinaus zur Erleninsel, dem grünen Waiblinger Parkgürtel mit Wiesen und Bäumen.

Waiblinger Altstadt

Die Waiblinger Altstadt bezaubert durch ihre schmucken Fachwerkhäuser. Der Marktplatz ist im Jahresverlauf Zentrum für Festveranstaltungen aller Art.

Stihl-Pavillon

Besucher des Stihl-Pavillons können das Unternehmen auf spielerische, interaktive und informative Weise kennenlernen. „Vom Wald in den Garten" lautet das Motto, und es erschließt sich bereits beim Näherkommen. Der moderne Kubus ist von außen komplett verspiegelt, sodass sich die umliegende Landschaft darin abbildet. Rund um den Pavillon ragen Spiegelstelen wie Baumstämme aus dem Boden. Aufgrund des Spiegeleffekts entsteht bei den Besuchern der Eindruck, durch einen Wald zu spazieren.

Galerie Stihl Waiblingen

Die Galerie Stihl Waiblingen, die direkt am Remsufer vor der Stadtmauer liegt, ist ein Anlaufpunkt für KulturInteressierte: Mehrere Wechselausstellungen im Jahr beleuchten Arbeiten auf Papier. Das Ausstellungsangebot reicht von der klassischen Zeichnung über Comic- oder Bildergeschichten bis zur angewandten Zeichnung.

Wehr an der Hahnsche Mühle

Haus im Fluss

Architekten J. Mayer H. und Partner, Berlin
Die begehbare Gebäudeskulptur ist ein gebautes Diagramm und eine zeitgenössische Interpretation einer klassischen Hausform mit Satteldach, die sich auflöst und zerfließt. Sie sitzt als „Haus im Fluss“ auf der Nordspitze der Schwaneninsel und steht im Dialog mit der umliegenden historischen Waiblinger Bebauung und den grünen Ufern der Rems. Die große Öffnung rahmt die Umgebung und schafft einen direkten Sichtbezug zum Kulturareal der Galerie Stihl auf der gegenüberliegenden Flussseite. Das Haus ist eingebettet in einen Garten voller Blumen und Gräser, die in einem lebhaften Kontrast zu den geometrischen Formen des Hauses stehen.

Geokoordinaten: 48.834238, 9.318647

Fellbach liegt umgeben von Neckar und Rems in einer reizvollen Landschaft, für die der rebenreiche Kappelberg, das Schmidener Feld mit einer der fruchtbarsten Ackerböden Deutschlands und der

Oeffinger Hartwald charakteristisch sind. Mit rund 46 000 Einwohnern ist die Große Kreisstadt das „Tor zum Remstal", jener Landschaft, in der sparsame und erfinderische Menschen zu Hause sind.

Fellbacher Gärtner stellen aus

In Fellbach hat Garten- und Gemüsebau eine lange Tradition. Das wird eindrucksvoll auf dem Kirchplatz an der Lutherkirche demonstriert. Fellbacher Gärtner und Landwirte haben Blumenbeete und Blühflächen zu den unterschiedlichsten Themen angelegt. Infotafeln vermitteln den Besuchern umfangreiches Wissen zu Flora und Fauna.

Passend dazu findet im Heimatmuseum eine Ausstellung über die zahlreichen Gärtnereien und Gartenbaubetriebe, die neben dem Weinbau die Fellbacher Landwirtschaft mitprägten, statt.

Das „Kunststückle“

Dienstag ist in Fellbach Stücklestag! Hier im „Kunststückle“ werden für Jung und Alt Kleinkunst, Vorträge, Konzerte, Lesungen, Kunstkurse und vieles mehr geboten. Das Gelände ist jederzeit zugänglich und die ausgestellten Kunststücke können in Ruhe betrachtet werden.

Kunst im öffentlichen Raum

Die Fahrgäste der Fellbacher Buslinien können sich die Wartezeit durch einen besonderen Kunstgenuss verkürzen. Auf Initiative des Oeffinger Künstlers Valentin Vitanov wurden im Rahmen der Remstal Gartenschau vier Bushaltestellen zu Kunstobjekten.
Rechts die Arbeit von Sasa Zivkovic „Stadtgeist“ 2019 und oben von Valentin Vitanov „Nordsee“ 2019.

Triennale Kleinplastik

Dass Fellbach auch eine Stadt kultureller Highlights ist, wird durch die 1980 gegründete Triennale Kleinplastik augenfällig unter Beweis gestellt, die alle drei Jahre in der Alten Kelter stattfindet. Der hohen Kunst der kleinen Skulptur bietet die Kappelbergstadt ein international anerkanntes Forum für Bestandsaufnahme, Selbstdarstellung und Diskussion.

Der Besinnungsweg

Der ca. 4 km lange Fellbacher Besinnungsweg führt Natur, Kunst, Religion und Philosophie an ausgewählten Orten zusammen. Die zwölf Besinnungsorte werden jeweils einem Thema zugeordnet, das durch Zitate aus Literatur, Religion oder Philosophie verdeutlicht wird. Angestrebt ist die Schaffung eines Erfahrungsraums jenseits der alltäglichen Hektik und Zeitnot und doch gleichsam mitten im Leben, im unmittelbaren Lebensumfeld. Regelmäßige Führungen bringen den Besuchern die Kunstwerke näher.

Natur-Kunst-Räume im Weidachtal

Der nicht mehr genutzte Teil der Kläranlage zeigt, wie sich die Natur ihren Platz zurückerobert. Eine optimale Sicht auf die drei Tropfkörper und das gesamte Gelände bietet die Aussichtsplattform, der ehemalige Faulturm der Kläranlage. Zusammen mit anderen Künstlern organisiert der Fotograf Frank Paul Kistner eine Freiluftausstellung mit großformatigen Bildern von der Landungsbrücke am Neckar zu der Veranstaltungsfläche rund um die Tropfkörper.

Landungsbrücke am Neckar

Die von Claus Bury entworfene, 24 Meter lange Stahlskulptur endet sechs Meter über der Wasseroberfläche. Seine für Fellbach geschaffene Arbeit bietet als Aussichts- und Orientierungspunkt neue Ausblicke auf den Fluss und gestaltet im Zusammenspiel mit Renaturierungsflächen und neu zugänglichen Flachwasserbereichen einen abwechslungsreichen Erholungs- und Erlebnisraum.

Die begehbare Brücke, an der keine Schiffe anlegen, ist Teil eines regionalen Kunst- und Naturprojekts, mit dem der Neckar und seine Uferlandschaft für Besucher erlebbar gemacht werden.

Geokoordinaten: 48.832329, 9.375327

Pergola

Barkow Leibinger Architekten GmbH, Berlin
Die filigrane Stahlkonstruktion am sogenannten „Wegedreieck“ markiert einen Ort zum Ausruhen, zum Innehalten und zur Begegnung. Die Pergola liegt inmitten der Weinberge. Auf einem kleinen Plateau können die Besucher des Belvederes das Werden des Weins von der Blüte bis zur Lese verfolgen, die traumhafte Laubfärbung genießen und den Blick dabei schweifen lassen. An der Pergola – übersetzt „Rankhilfe“ eines Vor- oder Anbaus – wird Wein emporwachsen und die luftige Konstruktion nach und nach zum Teil der Landschaft werden lassen.

Unendlich relaxt

Remseck im Landkreis Ludwigsburg mit seinen rund 26 000 Einwohnern liegt direkt an der Mündung zum Neckar. Charakteristisch für Remseck am Neckar sind die idyllischen Naturschutzgebiete mit ihren Rad- und Wanderwegen. Mit der Endhaltestelle der Stadtbahn ist sie für viele Stuttgarter ein wichtiges Naherholungsziel. Von hier aus lässt sich das ganze Remstal erforschen. Die E-Bikes, die sich hier mieten lassen, können in anderen Kommunen wieder abgegeben werden. Die Rückreise findet dann mit der S-Bahn statt.

Museen und historische Gebäude bieten spannende Einblicke in vergangene Zeiten und zeugen von Tradition und Geschichte der Stadtteile, in denen es vielseitige Möglichkeiten zur Freizeitgestaltung gibt. Mit dem Neckartal-Radweg, der Remstal-Radroute sowie dem Remstal-Höhenweg ist Remseck ein lohnenswerter Ausgangs- bzw. Zielort für Radtouren und Wanderungen. Zum Erholen lädt der „Neckarstrand“ ein, an dem man in entspannter Atmosphäre am Wasser sitzen kann. Remseck am Neckar hat für die Zukunft große Ziele. Am geografischen Mittelpunkt werden in der „Neuen Mitte“ Rathaus, Stadthalle und Mediathek entstehen und die Stadt um ein attraktives, urbanes Zentrum bereichern.

Ein Spielplatz am Wasser

„Unendlich relaxt“ können Sie den Neckarstrand erleben, der eine einmalige Atmosphäre am Zusammenfluss von Rems und Neckar bietet. Der fast 100 Meter lange Strand lädt zum Verweilen ein und dient während der Remstal Gartenschau als natürliche Bühne für zahlreiche Veranstaltungen. Er besteht in seinem unteren Teil aus 350 Kubikmetern reinem Natursand, der im Mündungsbereich angespült wurde. Dazu gibt es Sitzsteine, Spielmöglichkeiten, einen Infopavillon und den Neckarbalkon mit der Möglichkeit, weit über den Fluss zu blicken. Auf dem naturnahen Spielplatz können Klein und Groß das Element Wasser in all seinen Facetten erleben.

Der Schwimmsteg

Auf einem Schwimmsteg auf der Rems spazieren und den Fluss erleben wie einst die Flößer – das ist in Remseck am Neckar möglich! Um das Ludwigsburger Schloss beheizen zu können, benötigte Herzog Eberhard Ludwig im 18. Jahrhundert viel Holz. Dieses wurde als Flöße auf der Rems transportiert. Bis ins Jahr 1862 spielte die Flößerei eine bedeutende Rolle, endete dann allerdings mit dem Siegeszug der Eisenbahn. Spazieren Sie unendlich „relaxt" auf dem Schwimmsteg und betrachten Sie die „Schwimmenden Gärten". Diese treiben wie einst die Flöße auf der Rems. Nach einem Sturm hatten sie sich losgerissen, wurden wieder eingefangen und an der Neckarinsel zwischengelagert.

Remsbalkone

Zahlreiche Plätze an der Rems und am Neckar bieten den Besuchern die Möglichkeit, das Leben am Wasser neu zu erleben. Balkone, Bänke oder übergroße Kieselsteine bieten die Gelegenheit, einmal innezuhalten und den Abend entspannt ausklingen zu lassen.

Das Land-Art-Projekt „Gänsenest“

Der Künstler David Klopp gestaltet während der Remstal Gartenschau 2019 einzigartige Skulpturen. Die Werke werden aus Naturmaterialien gefertigt und stehen in lebendigem Austausch mit ihrem räumlichen Umfeld.

In Remseck am Neckar waren von 1350 bis ins 20. Jahrhundert Gänse und ihre Produkte ein wichtiger Wirtschaftszweig für die hiesige Bevölkerung. In dieser Zeit sah man auf der Rems häufig Gänse umherschwimmen. In Anlehnung an diese Epoche entstand „Das Gänsenest“, ein aus Weiden geflochtenes Nest mit drei eiförmigen, großen Steinen.

Gemütliche Bänkchen laden im Ortsteil Neckarrems vor dem Haus des Heimatvereins zum Verweilen ein.

Fischtreppe

Die Wasserkraftanlage der Mühle Schiedt – der Mahlbetrieb wurde 1993 eingestellt – erzeugt umweltfreundlichen Strom aus Wasserkraft. Allerdings war die Wehranlage bisher ein unüberwindbares Hindernis für Fische und Kleinlebewesen im Wasser. Die Wanderung flussaufwärts war für sie unmöglich. Im Gartenschau-Jahr 2019 wurde aus diesem Grund eine „Fischtreppe" gebaut, über die die Tiere flussaufwärts wandern können. So wurde die sogenannte „ökologische Durchgängigkeit" in der Rems wiederhergestellt und kann auch vielen seltenen Arten wie dem Europäischen Aal oder der Barbe eine Heimat geben.
Das Schmetterlingsbuffet: Die Skulptur zeigt heimische Insektenarten wie den Zitronenfalter, den Schwalbenschwanz und verschiedene Käfer. Sie ist ein Projekt der Grünen Nachbarschaft und macht auf die Lebensräume unserer heimischen Insekten aufmerksam.

Der Landwirt Wolfgang Eckstein säte 225 000 Maiskörner auf einer Fläche von 2,5 Hektar und Hans Kurz mähte die Wege frei. Zu sehen ist nun wie das Gartenschau-Maskottchen Remsi an einer Blume schnuppert.

Bepflanzte Fässer

Urban Gardening

Alte und gebrauchte Ölfässer wurden eingesammelt und mit bunter Farbe sowie dem Logo der Remstal Gartenschau bemalt.
Ein „urban garden" ist ein Garten oder eine Pflanzfläche, der im urbanen Raum auf kleinster Fläche angelegt werden kann, um für den Eigenbedarf Obst, Gemüse und Kräuter anzubauen. Diese Art des Gärtnerns wirkt sich zudem vorteilhaft auf das städtische Kleinklima aus, Vögel und Insekten finden hier Nahrung und Wohnraum und auch das Stadtbild wird aufgewertet.

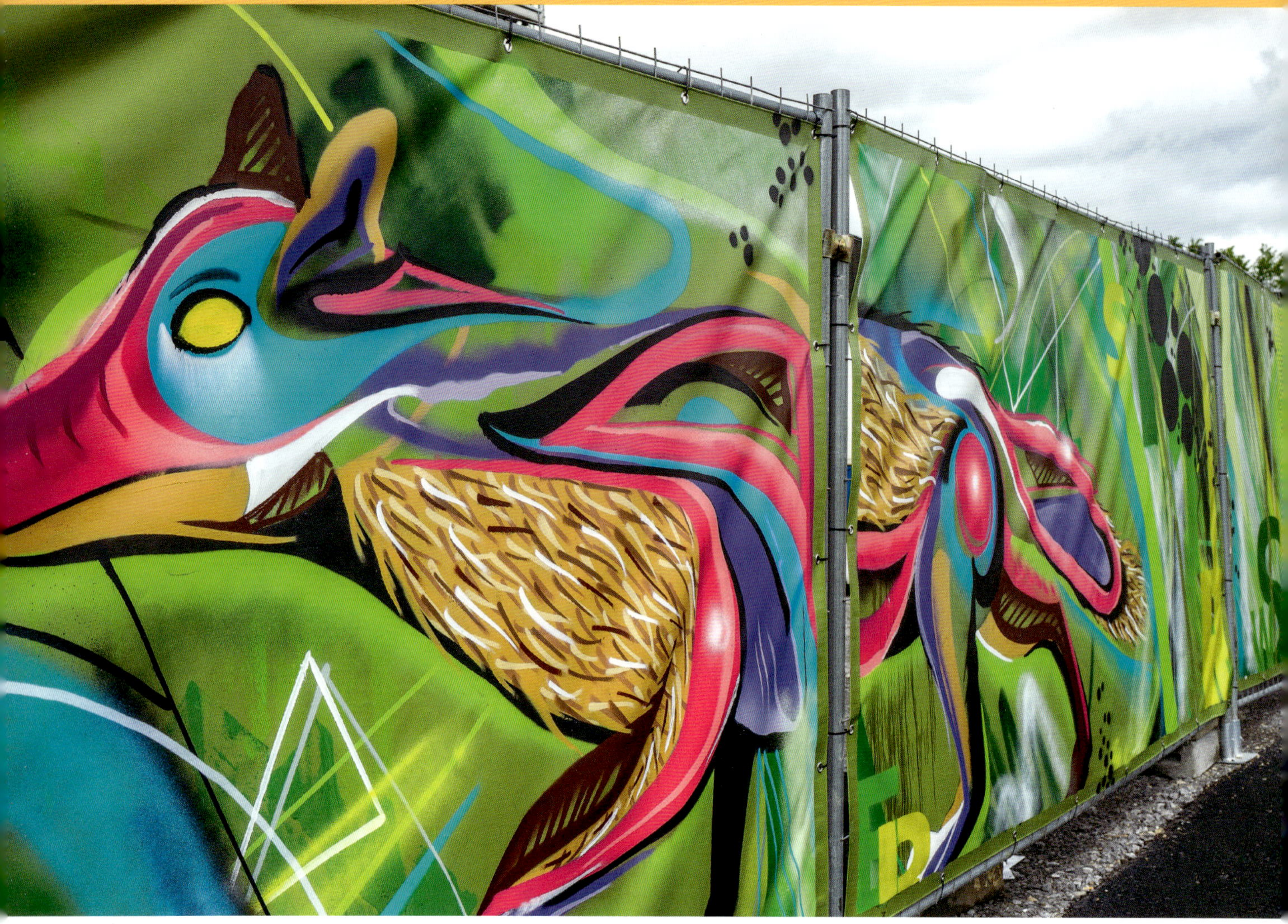

Graffiti in Remseck

Der Grafikdesigner Frederik Merkt hat mit seiner Gruppe zahlreiche Bereiche in Remseck bespielt. In den Fußgängertunneln, an den verschiedenen Stadtbahnhaltestellen sowie an der Unterführung am Rathaus und am ehemaligen Kronenkeller sind Graffitis im Farbspektrum der Gartenschau 2019 entstanden, die neben diversen Gelb- und Grüntönen nur noch ein ganz bestimmtes Blau erlauben.

Bürgerprojekt „Kunst am Zaun“

Bürgerinnen und Bürger der Stadt, aber auch Kindergartenkinder und Graffitikünstler haben einzelne Planen gestaltet. Vor allem die Rems war zentrales Thema, allerdings waren der Kreativität keinerlei Grenzen gesetzt. Aus den vielen einzelnen und individuellen Kreationen entstand so ein großes Gesamtwerk, das alle vereint.

Offenes Singen gleichzeitig in allen 16 Kommunen

Das Badehaus

Christoph Mäckler Architekten, Frankfurt am Main

Der Mündungsbereich ist für die Bewohner zum Identifikationsort mit hoher Erholungsqualität geworden. Das Badehaus interpretiert diesen Ort neu und erfüllt im Einklang mit der Landschaft konkrete Funktionen als Umkleidekabine und als Besuchersteg sowie als Kunstort, Ausstellungsort, Pavillon oder Schutzraum. Mit der Konstruktion manifestieren sich Stadt, Land und Fluss an einem gemeinsamen Ort, der dadurch auf vielfältige Weise zum Erlebnisraum für Mensch und Natur wird. Im Inneren wird dem Badehaus etwas Weis(s)heit verliehen: Durch vielfältige, persönliche Assoziationen geprägt, erlaubt die Farbe Weiß die „wahre Idee von Unendlichkeit" – der Ort erhält etwas Entrücktes, nicht Greifbares. Dieses Gefühl bleibt außerhalb der Badesaison erhalten, wenn das Badehaus entlang des Schwimmstegs zum Sehnsuchtsort wird.

Geokoordinaten: 48.873434, 9.274736

Impressum

Fotograf und Autor	Martin Frischauf, 71686 Remseck am Neckar
Verlag	Freshup Publishing Johann-Schwarz-Straße 25, 70736 Fellbach
Herausgeber	Schwabenrepro GmbH Johann-Schwarz-Straße 25, 70736 Fellbach
Lektorat	Claudia Frischauf, Andreas Rombold, Reinhard Urbanke
Druck	Henkel GmbH Druckerei Motorstraße 36, 70499 Stuttgart
Schrift	Scientia, created by Natalia Vasilyeva
Dankeschön	an die Remstal Gartenschau GmbH: für die Verwendung der Informationen auf ihrer Webseite an die Werbeagentur JoussenKarliczek GmbH, Konzeption und Kreation des Gartenschau-Auftritts/Kommunikationsdesign: für die Verwendung des Slogans: Unendlich
Ökobilanz	Die Herstellung des Buches ist in der Region Stuttgart erfolgt CO_2-klimaneutral gedruckt ID-Nummer: 1981997 bvdm

ISBN 978-3-96697-001-3

Freshup! publishing

SCHWABENREPRO

FSC www.fsc.org MIX Papier aus verantwortungsvollen Quellen FSC® C010156

klimaneutral gedruckt www.klima-druck.de ID-Nr. 1981188 bvdm.